マンション管理の「なぜ?」がよくわかる本

―― 管理組合運営読本 ――

著者 NPO日本住宅管理組合協議会
マンション管理総合研究所

住宅新報社

はじめに

　この本は、マンション管理組合の理事をやっている方、これから理事の順番がまわってくるけれどどうしようかと考えている方をはじめ、マンション管理に関心をもっておられるすべての方にぜひ読んでいただきたいと思って書いたものです。管理の仕事について、なにをするか、どんな順番でするかというような単なるマニュアルではなく、**できるだけ基礎的なことから、なぜそうなるかを誰にでもよく分かっていただけるように書くこと**につとめました。

　同時に、内容にかんしては、長年にわたって管理組合役員の経験をもつ方々やマンション管理士など専門的な方々が、実際に管理組合の運営の援助をするさいにも役立つように、現場の最先端の問題もとりあげています。

　執筆にあたったのは、NPO日住協（特定非営利活動法人　日本住宅管理組合協議会）の本部で活動している理事などです。いずれも居住地の管理組合で理事長などを経験し、現在NPO日住協のマンション管理総合研究所の運営にたずさわっているメンバーで、内容については何度も論議を重ねてつくりあげたものです。

　管理組合の理事は、大変な仕事だ、むずかしい、おもしろくないと思っておられる方も多いと思います。しかし、実はそうではありません。実際に管理組合の役員をやった方のなかには、思いがけなく大変おもしろく、楽しく、やりがいのある仕事だということを発見して、いっそう力をいれて長く活動される方も多くいます。

そういうこともあって、私たちは、理事になることのいい点（メリット）を次のように考えています。

　①楽しめる、②マンションが分かる、マンションを良くするため役に立てる、③知人、友人が増える、知らない世界を知る、④知識が増える（マンションだけでなく、世間一般の）、⑤いざというときに助け合える（人は一人では生きられない）、⑥定年退職者などの人には、時間の有効活用ができる、ボケ防止になる（もちろん忙しい人でもできる）、⑦ボランティアと同じように、社会的に意義のあることをしたという満足感を味わえる、

　などなどです。

　いちばんはじめに「楽しめる」と書きました。「冗談じゃない」「苦しむことの間違いではないか」といわれる方も多いと思います。しかし、人は、まったく何もしないでいるほど辛いことはありません。水澤潤さんという方が『闘う楽しむマンション管理』（文春新書、2008年）という本を書かれています。リゾートマンションで突然30万円の修理一時金の支払いを求める臨時総会が通知されて驚いた、その対応から始まり、難題をつぎつぎに解決するなかで、これほど「楽しい」仕事はないというのが、この本の主題です。"釣りの趣味をもつ人は多いが、早起きして、いろいろ準備することを誰も苦労だとは思わないように、もはやマンション管理も趣味だ"と

いう心境に達したと水澤さんはいっています。それほどではないにしても、役員を経験した多くの人が"いい経験だった"という感想をつぎつぎにのべている管理組合もあることを、私たちも知っています。

　話は違いますが、2009年に始まった裁判員制度。"自分がやるのはいやだ"という人が圧倒的に多数でした。いまでもそうです。しかし義務ならやるしかないというわけでやってみた結果、裁判員を経験した人の実に80～90％が、"意義のある仕事だった""いい経験だった"と語っている事実もあります。このまったく日常生活とは別のことに携わる裁判員制度とくらべれば、マンション管理は日常生活そのもの、自分の利害に直接つながるものですから、ずっととっつきやすいでしょう。

　ところであなたは、自分の住んでいるマンションを屋上から地下まで全部知っていますか？　小規模のマンションの場合は別として、入口からエレベーター、廊下と自分の住戸だけの往復で、あとはどこがどうなっているか知らないという方も多いのではないでしょうか。役員をやれば、マンション内の配置や建物や施設の特徴や現況も知ることができます。そのうえ、マンションをよくするために役立つというのですから、まさに一挙両得です。

　また、マンション管理組合の役員をすると、知らない世界を知る

ことができます。年齢も社会経験も違う人たちと管理組合の運営の活動を通じて、知り合うことができます。思いがけない分野の仕事をしている人、いろいろな技術や知識、趣味などをもっている人がいて、これまで知らなかったことがたくさん分かります。なかには知人、友人が増え、その後の自分の生活に新しい世界を広げるきっかけになることもあります。

　知識が増えます。とくに建物の構造や修繕については、修理の報告や専門知識のある人の説明で、マンションのことがよく分かります。それは、共用部分の管理に役立つというだけではなく、自分の専有部分のリフォームなどにもずいぶん参考になることがあると思います。また、いろいろな人が役員になりますから、「そうだったのか」と、はじめて聞くような話もたくさん知ることができます。近所の商店や各種の施設にかんするニュース、散歩や小旅行の場所などの情報をはじめ、これからの生活に役立つ、世間一般についてのあれこれの知識も増えるでしょう。

　最近はマンションの居住者の高齢化が目立ち、何年か経ったらどうなるだろうかという話題で持ちきりのところも多くあります。しかし、まわりを見回してください。今は元気な高齢者も多いのです。まだまだと思っているうちに定年になってしまって、時間の余裕だけでなく、体力も頭脳も十分に余力のある人はたくさんいます。そ

ういう人に管理組合の役員に参加してもらえれば、生きがいも高まり、時間の有効活用にもなり、ボケ防止にもなります。

　それでは勤めのある忙しい人は役員ができないかというと、そうでもありません。管理組合の運営の仕事というのは幅がありますから、時間の調整をとりながらやれる仕事はいくらでもあります。集まって相談しながら仕事をするのがいちばんいいことはたしかですが、今はメールなどの連絡手段が充実していますから、会わないでも相談して分担を決め、仕事をすることもできます。

　今、ボランティアをやっている人、機会があればやろうと思っている人はたくさんいます。少しでも社会に貢献しようと考えている人がどんどん増えてきていることは心強いことです。マンション管理組合の役員の仕事は、義務的な面があり、自分のためでもあるという点で、まったく自発的なボランティアとは少し違います。しかし、ボランティア的な側面があることも事実です。社会的に意義のあることをした満足感を味わうこともできます。

　こういういい点がいろいろありますから、ともかく一度役員をやってみてください。また違った新しい人生が開けてきますよ。

NPO日本住宅管理組合協議会
マンション管理総合研究所

contents

はじめに ……………………………………………… 1

第1章　マンション管理とは……………………… 11

第1節　戸建てなら自分ですることを、みんなで
　　　　するのがマンション管理 ………………… 12

第2節　マンション管理はだれでもできる ………… 15

第3節　管理会社の役割 ……………………………… 16

第4節　区分所有法と管理規約、細則など ………… 17

第5節　住みよい共同社会（コミュニティ）
　　　　をつくりあげる ……………………………… 23

第6節　マンション管理組合には
　　　　どんな仕事があるか ………………………… 25

第7節　今日の課題 …………………………………… 31

第2章　マンション管理規約……………………… 35

第1節　マンション管理に関係する法律と
　　　　管理規約の位置づけ ………………………… 37

第2節　規約の構成と内容 …………………………… 41

第3節　管理規約に何を入れるか …………………… 43

第4節　管理規約と使用細則、その他の規則類 …… 58

第3章　総会は管理組合最大の行事 …………… 63
- 第1節　そもそも総会は何のためにおこなうのか… 65
- 第2節　総会の準備は、いつごろから、どのように、何をしたらよいでしょうか ……………… 70
- 第3節　総会当日の運営について ……………… 75
- 第4節　会議後の処理……………………………… 88

第4章　理事会の業務と会議の運営 …………… 91
- 第1節　理事になって最初にやること …………… 93
- 第2節　理事の仕事、理事長の仕事 ……………… 96
- 第3節　理事の選び方……………………………… 100
- 第4節　理事会の会議の構成、参加者 …………… 105
- 第5節　理事会会議の運営、具体的進行 ………… 109
- 第6節　理事間の意見の違いの扱いや理事会の運営上のトラブルについて ………………… 115

第5章　大規模修繕 ……………………………… **121**
- 第1節　長期修繕計画と修繕積立金 ……………… **124**
- 第2節　組合員の合意形成 …………………………… **126**
- 第3節　修繕委員会をつくる ………………………… **127**
- 第4節　大規模工事の直接準備 ……………………… **129**
- 第5節　工事期間と工事完了後の後処理 …………… **136**

第6章　管理会社とどう付き合うか ………… **141**
- 第1節　管理組合自身でやる業務、依頼できる業務 **143**
- 第2節　マンション管理会社の現状とその業務 … **149**
- 第3節　全面委託管理、一部委託管理、自主管理 **151**
- 第4節　管理会社を管理組合のパートナー
  　　　（協力者）に ……………………………… **153**
- 第5節　マンション管理適正化法、適正化指針
  　　　と標準管理委託契約書 …………………… **155**
- 第6節　管理会社を変更する場合 ………………… **160**

第7章　マンションのトラブル対応の基本的考え方 …… 165
　第1節　トラブルの実態 …………………………… 167
　第2節　トラブルの当事者別の分類 ……………… 169
　第3節　取り上げる姿勢、態度 …………………… 172
　第4節　トラブルの実例と対応 …………………… 177

第8章　（対談）マンションのコミュニティ … 189

第9章　（対談）理事会・理事長方式と第三者管理 …………………………………… 201

第10章　マンション管理組合団体とは …… 217

おわりに ……………………………………………… 224

第1章
マンション管理とは

第1節　戸建てなら自分ですることを、
　　　　みんなでするのがマンション管理

　マンションにお住まいの方のなかには、「せっかくわずらわしいことのないようにマンションを買ったのに、なぜ理事をやって時間をとられなくてはならないの？」と受け止める方が多くいます。しかし、これは、賃貸マンションには当てはまるかもしれませんが、分譲マンションの場合は、まったく逆です。それは、マンションを買ったら、そのマンションの購入者は同じ建物を共有するという関係になりますから、いわば一つの運命共同体の一員になるわけです。いやでも共有という付き合いは避けられません。知らず知らずのうちに、「付き合い」もふくめてマンションを買ったことになったのです。こういう分譲マンションの仕組み、区分所有制度そのものが、居住者（正確には「区分所有者」＝「管理組合員」ですが）の間で、そのマンションの運営の方針を決めることになっているからです。これは、分譲マンション管理問題での基本として、どうしても知っておいていただかなければならないいちばん大切なことです。

　それは、どういうことでしょうか。

　みなさんがマンションではなく、一戸建てに住んでいるとします。そうすると、家屋や庭の維持のためにはどうするでしょう。台風で屋根瓦がとべば、職人さんを頼んで来てもらい、修理をします。支払も自分でするし、もし保険がかけてあれば保険金の受領の手続きもするでしょう。壁にひびが入れば、業者を呼んで補修をしてもらいます。庭は、一年に何回かは植木の職人に来てもらって剪定などの作業をしてもらうでしょう。花は、自分で種をまいたり、苗をかってきて植え替えをしたりすることもあるでしょう。

家屋や庭の修理や手入れをするかどうかは、自分で判断をしたり、家族で相談をし、家計の具合を考えながら、方針を決めるでしょう。決めた後は、夫が業者に声をかけるか妻がやるか、それとも子どもに命じて担当させるか、それぞれの家族で、いろいろやり方が決まっているでしょう。また、突発的な修理や将来のリフォーム、あるいは建て替えが必要になるときのために、毎月いくらかは貯金もする、貯金はしないけれどそういう費用はボーナスを充てるなど、これまた家族によっていろいろでしょう。こういう仕事は、いろいろ大変なこともあり、頭を悩ますこともありますが、一方でやりがいもあり、楽しいことでもあります。

　マンションの「管理」という仕事は、じつは、こういう一戸建てなら自分で（家族で）やることを区分所有者（マンションの所有者）が協同でやるだけのことです。むずかしいとか、専門家でなければできないなどというものではありません。しかも、一戸建てならよほど金持ちの家でなければ、使用人を雇うことはありませんが、マンションなら一定の規模があれば、窓口業務や会計処理、清掃などに人を雇うこともできますし、管理会社に依頼することもできます。ですから、そう恐れることはないのです。

　ただ、マンションというのは、持ち主である区分所有者が主人公ですから、建物の具合の悪くなったところを直すかどうか、清掃を月に何回やるかなどという運営方針は、どうしてもみんなで相談して決めなければならないわけです。一戸建てだったら、だれかが外から入ってきて「屋根を直せ」などといってきたら「リフォーム詐欺」みたいな「なんとか詐欺」ではないかと思うでしょう。マンションだってこれと同じです。誰も命令する立場にいる第三者などいないのです。自分たちで相談して決めるしかないのです。

考えてみてください。区分所有だって一定の条件はつきますが、立派に自分の所有です。ふところ具合を考えて、修理は来年にしようと思っていたら、いますぐ直しなさいなどといわれることは一戸建てではありえません。マンションでも同じはずです。管理組合でも、予算の都合で修理をいつやるかとか、どのような品質の材料をつかうかというようなことは、みんなの相談で自由に決められることなのです。

　なかには管理会社が判断してくれるのではないかと思っている方がいらっしゃるかもしれませんが、管理会社は、委託をうけて「管理」をするだけで、依頼者である管理組合から依頼や指示がなければ何もしてはいけないのが本来のあり方です。「管理会社がうまくやってくれるよ」などと任せっきりにしていると、足元をみられて、必要のない工事を勝手にやられて貴重な財産を失ってしまいます。そんなことはありえないというかもしれませんが、なにしろ管理会社は、管理組合の財産状態や管理組合員がどのくらい管理に関心をもっているかなどの状態を完全につかんでいるのですから、自由自在です。いざ大規模修繕にとりかかろうとしたら、あるはずの修繕積立金が他の用途に使われてしまってほとんど残っていないというような例は、残念ながらたくさんあります。

　逆にいえば、自分（たち）の財産なのですから、他人からとやかくいわれず、どのように改善していくか、自由に決められるのは当然ではありませんか。

第2節　マンション管理はだれでもできる

　マンション管理はむずかしくありません。だれでもできることです。たいていの管理組合では、理事は輪番制で回ってきますが、それぞれの条件を考えながら仕事を担当することにすれば、老若男女だれにでもできます。

　ほとんどのマンションでは管理会社と契約して、管理業務の大部分を委託していますから、理事の仕事は、その業務内容をどのようにするかの方針を決め、方針どおりに仕事がやられているかどうかをチェックすることが基本になります。住宅の維持管理は、一戸建てならどうするかは自分で考えることですが、それがマンションでは、みんなで考えを持ち寄って、議論をするだけのことです。そうたくさんの時間を必要とするわけでもありません。

　まず、どんな仕事が、管理の対象になるかみてみましょう。

　なんといっても、マンションでは管理の中心的目的は、建物の構造の中心になっている柱、壁や屋根などの外回りや廊下、階段、エレベーター、住戸の外側にある給排水などの設備、それに管理室、集会所や駐車場、駐輪場などの付属施設（これらは区分所有者の共有物で「共用部分」といいます）などの維持、管理です。これらをつねに正常の状態にあるように維持、管理し、必要な場合には修理をしたり、取り替えたりすることが仕事です。

　もちろん、維持するといっても、常に同じ状態を保つのはむずかしく、直さないでどこまで我慢するかとか、不具合が生じたときには直すのでなく、もっといいものに取り変えたほうがいいのかなどについては、区分所有者自身が、理事会や総会で自由に判断すれば

いいわけです。

　そのほかに、マンションは共同生活の場ですから、自分の住戸（専有部分）での生活や使用方法も、全くの自由ではありません。ペットを飼ってもいいかどうか、ピアノやヴァイオリンを弾いてもいいかどうか、壁に釘を打ってもいいか、リフォームの基準はどうかなど、お互いに約束をしておくべきことが、いくつかあります。そういう場合の規則（ふつうは細則といいます）の案をつくるとか、それを総会にかけたうえで守ってもらうよう宣伝をしたり、説明をしたりするなどの仕事が理事会にはあります。

　そうして、こういう管理の仕事をするためには、大きな方針を全員で決める総会がふつう年1回おこなわれます。そこで選ばれた理事によって日常的にはたいてい月1回開かれる理事会が、細かいことは決めて、管理会社に依頼したり、理事会報告や管理組合ニュースの編集・発行・配布など理事でできることは自分たちで処理したりして対応することになります。

　また、その費用を、毎月、管理費（日常的運営経費）と、修繕積立金（何年に1回かおこなう大規模な修理のための費用の積立て）とに分けて、管理組合員から集め、管理する仕事があります。

第3節　管理会社の役割

　管理組合の仕事のうち、総会や理事会など、どうしても当事者である管理組合員がやらなければならない仕事をのぞけば、マンション管理の仕事の多くは、管理会社に委託してやってもらうことができます。ただ、委託をしますが、管理の主体はあくまでも管理組合

の側であり、管理会社が委託内容どおりの仕事をしているか、仕事ぶりは適正かどうかなどを、よくチェックする必要があることは、心得ておかなければなりません。

　管理会社は、管理委託契約にしたがって、管理組合の要求する仕事をおこなうことになります。仕事の決め方が大ざっぱだと、決められた仕事をしていなくても追及できなくなりますから、なにとなにをどのくらいの頻度でおこなうかを、できるだけ詳しく決めておく必要があります。

　委託管理にかかわること、つまり、管理組合固有の仕事とはどういうものがあるか、管理組合は管理会社とどのように付き合うか、その場合に適切な委託契約書の内容とはなにか、管理会社の仕事のチェックはどうやるか、管理会社を変更する場合にどのようにすすめたらよいかなどについては、第6章でのべます。

第4節　区分所有法と管理規約、細則など

　ここまでみてきたマンションの管理の対象や管理の仕方については、管理組合員が集まってやることですから、その基準として、管理組合が出発する最初の段階で「管理規約」を決め、それにそってすすめることになります。その内容は、法律にさえ反しなければ、管理組合員が自由に決めることができます。

　実際には、この規約はマンションの分譲会社が、分譲の契約のときに規約の原案をしめし、みなさん方の同意署名をもらうという手続きをとってしまって、決まったことになっています。マンション購入のときにはほかにも説明がたくさんあり、部屋の広さや値段、

設備がどうなっているか、マンションの環境はどうかなどを考えることが中心になって、規約を自分が承認したなどとは、全く気がつかなかったという方も多いとは思いますが……。

　また、管理規約のもとになるものとして区分所有法（「建物の区分所有等に関する法律」）という法律があって、マンションの問題をあつかう法的基準となっています。区分所有法のさらに元になっている民法も重要です。

　なにかことがあった場合には、その判断基準として、あなたの管理組合の管理規約や細則などだけではなく、こういう法律なども参照してみる必要が生じます。マンション管理関係だけのものをあつめた法規集なども出版されていますから、ぜひそういうものを管理組合の事務所にも備え付けておかれるとよいでしょう。

　しかし、マンションの管理というのは、新しく制度化されたものですから、いくらそれぞれの管理組合で自由な判断でどんどんやってもいいといわれても、どうやっていいか分かりません。ほんとうは、国や自治体などが、管理組合の活動のすすめ方などについて、いろいろ援助したりすることが望まれるのですが、実際には1982年に当時の建設省が標準管理規約（正式名称は、中高層共同住宅標準管理規約）を作成したことがあるだけで、十分な支援や説明はおこなわれてきませんでした。

　2000年になってはじめて、「マンションの管理の適正化の推進に関する法律」（マンション管理適正化法）がつくられ、管理組合運営の相談や援助にあたる専門家（マンション管理士）の制度の創設やマンション管理業の登録制度などの制度化がされました。また、この法律にもとづいて国土交通省が2001年につくった「マンションの管理の適正化に関する指針」は、管理組合活動にあたっての基

本的な考え方を区分所有者の心構えもふくめてまとめたもので、私たちが考えたり、実行したりしている方向とだいたいにおいて合致しているものです。ぜひ一度その内容をじっくり読み、一つの活動基準として活用していただきたいと思います。

マンション管理適正化指針の主要部分を次に掲載しておきます（見出しなどを引用者が太字にしました）。

> **一　マンションの管理の適正化の基本的方向**
> 　マンションは、今や我が国における重要な居住形態となり、その適切な管理は、マンションの区分所有者等だけでなく、社会的にも要請されているところである。このようなマンションの重要性にかんがみ、マンションを社会的資産として、この資産価値をできる限り保全し、かつ、快適な居住環境が確保できるように、以下の点を踏まえつつ、マンションの管理を行うことを基本とするべきである。
> 　1　マンションの管理の主体は、マンションの区分所有者等で構成される管理組合であり、管理組合は、マンションの区分所有者等の意見が十分に反映されるよう、また、長期的な見通しを持って、適正な運営を行うことが重要である。特に、その経理は、健全な会計を確保するよう、十分な配慮がなされる必要がある。また、第三者に会計事務を委託する場合は、その内容を十分に検討して契約を締結する必要がある。
> 　2　管理組合を構成するマンションの区分所有者等は、管理組合の一員としての役割を十分認識して、管理組合の運営に関心を持ち、積極的に参加する等、その役割を適切に果たすよう努める

必要がある。

3　マンションの管理は、専門的な知識を必要とすることが多いため、管理組合は、問題に応じ、マンション管理士等専門的知識を有する者の支援を得ながら、主体性をもって適切な対応をするよう心がけることが重要である。

4　マンションの管理の適正化を推進するため、国、地方公共団体及びマンション管理適正化推進センターは、その役割に応じ、必要な情報提供等を行うよう、支援体制を整備・強化することが必要である。

二　マンションの管理の適正化の推進のために管理組合が留意すべき基本的事項

1　管理組合の運営

管理組合の自立的な運営は、マンションの区分所有者等の全員が参加し、その意見を反映することにより成り立つものである。そのため、管理組合の運営は、情報の開示、運営の透明化等、開かれた民主的なものとする必要がある。また、集会は、管理組合の最高意思決定機関である。したがって、管理組合の管理者等は、その意思決定にあたっては、事前に必要な資料を整備し、集会において適切な判断が行われるよう配慮する必要がある。管理組合の管理者等は、マンション管理の目的が達成できるように、法令等を遵守し、マンションの区分所有者等のため、誠実にその職務を執行する必要がある。

2　管理規約

管理規約は、マンション管理の最高自治規範であることから、その作成にあたっては、管理組合は、建物の区分所有等に関する法律に則り、「中高層共同住宅標準管理規約」を参考として、当

該マンションの実態及びマンションの区分所有者等の意向を踏まえ、適切なものを作成し、必要に応じ、その改正を行うことが重要である（以下、省略）。

　3　共用部分の範囲及び管理費用の明確化（省略）

　4　管理組合の経理

　管理組合がその機能を発揮するためには、その経済的基盤が確立されていることが重要である。このため、管理費及び特別修繕費等について必要な費用を徴収するとともに、これらの費目を明確に区分して経理を行い、適正に管理する必要がある。また、管理組合の管理者等は、必要な帳票類を作成してこれを保管するとともに、マンションの区分所有者等の請求があった時は、これを速やかに開示することにより、経理の透明性を確保する必要がある。

　5　長期修繕計画の策定及び見直し等

　マンションの快適な居住環境を確保し、資産価値の維持・向上を図るためには、適時適切な維持修繕を行うことが重要である。特に、経年による劣化に対応するため、あらかじめ長期修繕計画を策定し、必要な修繕積立金を積み立てておくことが必要である（以下、省略）。

　三　マンションの管理の適正化の推進のためにマンションの区分所有者等が留意すべき基本的事項等

　マンションを購入しようとする者は、マンションの管理の重要性を十分認識し、売買契約だけでなく、管理規約、使用細則、管理委託契約、長期修繕計画等管理に関する事項に十分に留意する必要がある。また、マンションの区分所有者等は、マンションの居住形態が戸建てのものとは異なり、相隣関係等に配慮を要する

住まい方であることを十分に認識し、その上で、マンションの快適かつ適正な利用と資産価値の維持を図るため、**管理組合の一員として、進んで、集会その他の管理組合の管理運営に参加するとともに、定められた管理規約、集会の決議等を遵守する必要がある。**そのためにも、マンションの区分所有者等は、マンションの管理に関する法律等に関する理解を深める必要がある（以下、省略）。

　四　マンションの管理の適正化の推進のための管理委託に関する基本的事項

　管理組合は、マンションの管理の主体は管理組合自身であることを認識したうえで、管理事務の全部又は一部を第三者に委託しようとする場合は、その委託内容を十分に検討し、書面をもって管理委託契約を締結することが重要である。なお、管理委託契約先を選定する場合には、管理組合の管理者等は、事前に必要な資料を収集し、マンションの区分所有者等にその情報を公開するとともに、マンション管理業者の行う説明会を活用し、適正な選定がなされるように努める必要がある（以下、省略）。

　五　マンション管理士制度の普及と活用について（省略）

　六　国、地方公共団体及びマンション管理適正化推進センターの支援

　………国及び地方公共団体は、必要に応じ、マンションの実態の調査及び把握に努め、マンションに関する情報・資料の提供について、その充実を図るとともに、特に、地方公共団体、マンション管理適正化推進センター、マンション管理士等の関係者が相互に連携をとり、管理組合の管理者等の相談に応じられるネットワークの整備が重要である（以下、省略）。

この指針は、マンションの管理の主体が、区分所有者で構成される管理組合であることを明確にするとともに、区分所有者がその一員としての役割を十分認識し、管理組合の運営に積極的に参加することなどを求めています。その内容として、管理組合の自立的な運営が、区分所有者の全員参加や組織の民主的運営によって果たされることなどを丁寧に説明しています。

　同時に、規約や経理、長期修繕計画など、管理組合の運営に直接かかわる基本的事項についてのあり方、諸注意などにもふれています。そのうえで、管理業者の心得や、国と地方公共団体（都道府県や市町村）の役割にも言及しています。

　さきほどのべた国土交通省のマンション標準管理規約は、今日では管理組合が規約を作成、改定するばあいの参考とされていますが、実情としては、圧倒的に多くの管理組合が、この規約に準じた管理規約をつくって運営しています。

　あなたの管理組合でも、こうしたことを考えながら、いまの管理規約が適正かどうか、細則は整えられているかなどをあらためて考えてみてはどうでしょうか。

　管理規約についての考え方や内容については、関連する区分所有法などの法律のこととともに、第2章でくわしく検討します。

第5節　住みよい共同社会（コミュニティ）をつくりあげる

　管理組合の中心的な仕事には、これまでみてきたように建物の維持管理とそれにかかわるいくつかの業務があります。しかし、建物や設備の維持だけでは、マンションの快適な生活はけっして保障さ

れません。自分の住戸（専有部分）のなかだけでなく、住戸のまわりの自然環境や、生活環境あるいは人間関係などを良好に保たなくては、本当に住みよいマンションとはいえないでしょう。また、本来の目的である建物や設備の維持管理を、理事会が提案する方針にそって区分所有者の合意形成を図りながらすすめるうえでも、マンション内の人間関係がよくまとまっているかどうかは、結果に重大な影響を与えます。ですからマンションのコミュニティ（共同社会）づくりは、管理組合の運営にとって重要な柱だということができます。

そのなかでも重要なのが、マンションの居住者間の人間関係です。おつきあいがいやだからマンションを選んだという方もいるかもしれませんが、分譲マンションはこれまでみてきたように、みんなで方針を決めなければ管理・運営ができませんから、おつきあいなしでは済まされない社会です。こうした、地域で共同の目的をもった人々の集まりを「コミュニティ」といいます。

分譲マンションの住民は、出発の初めから一つのマンションで住むという共同の目的を持っていますから、いやおうなしにコミュニティができています。もちろん、よくまとまっているところから、まったくバラバラなところまで、いろいろあると思います。しかし、ものごとを決めるという目的からいえば、住民がまとまっているかいないかは決定的に重大な影響を与えます。

そういう意味から、マンションでコミュニティをどうつくるかを重視してのべていきたいと思います。このコミュニティの問題は、第8章で扱います。

第6節　マンション管理組合にはどんな仕事があるか

　それでは、マンション管理組合の仕事には、どんなことがあるか、あらためて一つ一つみていくことにします。

　国の仕事は、立法、行政、司法ですが、管理組合もそれに似た仕事があります。立法は「総会」です。「行政」は管理組合の仕事の大部分を占め、建物・設備の管理・運営、収支の会計、共同生活の調整などがあります。「司法」にあたる部分はほとんどありませんが、強いていえば規約違反、細則違反を取り締まったり、トラブルを処理したりすることがそれにあたるといえるでしょうか。

総会

　まず、立法にあたる総会です。総会の場で毎年の方針を決めたり、規約を変えたり、新たに細則をつくったり改めたりするわけで、マンションの生活にとって、重要な影響があります。

　この総会の仕事は、どんな管理組合にとっても、最大最高の行事といってよいものです。とくに管理会社に大部分の業務を委託している管理組合では、役員でない一般の管理組合員にとっては、マンション全体の動きや運営がどうなっているかを知ることができる唯一の機会ともいえる場所です。重視して運営をしなければなりません。なお、理事会がなく、管理組合も確立していないようなマンションでも、管理に責任をもつ管理者（管理会社が管理者になっている場合があります）が、1年に1回は全員を対象に集会を開いて、業務について報告することが区分所有法で義務づけられています。

　総会の問題は、第3章で扱います。

理事会

　総会を受けて、総会で決めたことを日常的に管理組合の業務執行として担当するのは、理事会です。また、理事が業務や会計を正しく運営しているかどうかをチェックする監事という役も総会で選出されています。管理会社に業務をほぼ全面的に委託している管理組合では、日常の実務というものは、それほど多くはありませんから、月1回の理事会会議で、管理会社からの報告をうけ、質疑をしたりしてそれをチェックすることが中心になると思われます。逆に、全面委託をしていても、修繕問題の検討や、広報、コミュニティ活動などを日常的に活発におこなっている理事会もあります。

　管理の仕方について、ふつう管理組合の業務を管理会社に「全面的」に委託している場合、業務の一部を委託している場合、それからまったく管理会社に委託していない「自主管理」の3つに分けられています。しかし、いわゆる「全面委託」の場合でも、これからみていくように絶対に任せられない業務（たとえば管理会社業務のチェック）や管理組合がほんらい主体的におこなわなければならない運営（総会や理事会）の課題があります。また「自主管理」といっても、理事会で事務員や清掃員などを直接雇って指揮しているところから、事実上何の管理もしていない「管理放棄」の管理組合まであります。「全面委託」していても、上にのべたように理事会が自主的に活発な活動をしている管理組合もかなりあります。そういう点で、「委託管理」か「自主管理」かによって分けるより、管理組合が自立的に判断をし、活動しているか、それともすべて管理会社に依存して自立性がないかで分けるほうが、実態をよくあらわすものになると思われます。そういう意味で、自立的、民主的な運営をしている管理組合にたいし、適正化指針でもつかわれている「自立

的な管理」という言葉を普及していきたいと思います。

　また、総会や理事会は、管理会社との契約で、業務の補助をしてもらうこともできます。しかし、総会で方針を決めたり、その方針のもとに細部の運営方法を理事会で決めたりする主体は、あくまで管理組合側であるというのが建て前ですから、そこは忘れないようにしてください。

　管理会社は業務の補助をしてくれます。組合によっては、議事録を作ってもらう（本当は議事録の「案」を作ってもらうはずですが）だけでなく、実際の会議の運営まで、管理会社のフロントマンなどがやってくれているところもあります。しかし、そういうところでも、管理会社に責任がいくような場面になれば、管理会社は「決めるのは総会ですよ」「組合員が決めたのですよ」「理事会がＯＫをしているのですよ」といって責任逃れをしますから、その点は心得ておいてください。組合員との間で責任をもつのは理事会であって、システムのうえでも、管理会社は責任をもたない契約になっています。

　総会や理事会の業務は、管理会社に手伝ってもらう（業務の補助）ことはできますが、管理会社は一般的にいうと管理組合の構成員ではありませんから、会議の議長は理事長など組合員がやらなければなりませんし、決議には組合員だけしか参加できません。

　理事会の運営は、第４章で扱います。

広報とコミュニティ業務
　それから、通常は管理会社への委託の対象にならない業務として、広報業務やマンション内の諸コミュニティ業務などがあります。
　広報は、本格的な広報紙を毎月１回発行し、全組合員に配布して

いるところや、理事会の決定事項や伝達事項だけをチラシにして配布しているところがあります。ホームページを作成して、伝達事項や案内を組合員に伝えている一方、対外的にもニュースを発信しているところもあります。また、理事会の伝達事項は掲示板だけというところもあります。それから、いわゆる広報には入りませんが、フロア委員や階段委員・棟委員などを設けて集会をおこない、理事会決定事項の伝達や意見聴取のアンケートをおこなったりしているところもあります。

　管理組合としての伝達事項のチラシは、管理会社が委託をうけて発行しているところもありますが、本来は理事会が管理組合として発行に責任をもって出すべきものです。管理会社のニュースとして、その会社の管理している管理組合全部に共通の内容で配布している広報紙がありますが、これはここで考えている管理組合の広報とはまったく別のもので、管理会社の広報です。

　また、諸コミュニティ業務としましたが、管理組合が独自にやるものであっても、総会、理事会の運営や広報など、ひろい意味でコミュニティづくりに役立つ業務がたくさんあります。マンションの範囲でおこなわれるお祭りや餅つきなどの行事は、マンションによって管理組合が主催してやるところ、自治会がやるところ、両者の共同でやるところなど、個々の事情によってまちまちです。どこが主催するかはそのマンションの状況に合わせればよいのですが、どんな形でおこなわれる場合にも、管理組合が協力するという位置づけが必要です。

　総会や理事会、広報やアンケートなど、管理組合の本来業務そのものをできるだけ多くの参加者でおこない、意見の交換や合意形成につとめる努力をすることが、コミュニティづくりにつながり、管

理組合の建物管理の目的にも役立ちます。そういう視点をもって活動することも重要です。

事務管理業務

　事務管理業務といわれる、収納会計業務や、諸手続きや要望などを受けつける窓口業務、修繕などの実施調整業務、それに前記の総会・理事会運営補助業務などは管理会社に業務委託することができます。実際に委託している組合が圧倒的に多数です。また、建物・設備の点検、建物や敷地の清掃などの業務も管理会社に委託するところが大部分です。

　ここでは、管理組合、とくに理事会が管理会社の業務をチェックするうえでも一定のことを知っていたほうがいいと思われますので、若干ふれておきます。

　まず収納会計業務です。毎月の管理費と修繕積立金、それに自動車の駐車料など決まって集めるお金は、たいていは金融機関の自動引き落としで管理組合の口座（一定期間、管理会社の口座に振り込まれる場合もある）に振り込まれます。管理組合としては、実際のお金は管理会社が扱った分もふくめて、銀行などの金融機関に預けておくわけですが、万一にも不正などの事故が起こらないように、この管理の責任をもつわけです。最近は金融機関の倒産という事態も全くないとはいいきれない時代になってきましたから、預ける金融機関や預金などの種類にもよく気をつかって、決めることが求められます。長期に保有する修繕積立金なども、リスクのない預金や国債などに限って慎重に運用する必要があります。効率的運用などという宣伝にのせられて失敗した一部の年金組合のようなことにならないように細心の注意をはらいましょう。

一方使うほうですが、ごく小口の分を除いて、管理会社から理事長や会計担当理事にたいして伝票のサインをもとめられ、そのうえで支出するというシステムになっていると思われます。管理組合（理事会）が全く知らないで管理会社がどんどん支出をするというのは、本来ありえないことです。
　問題やトラブルが生ずる可能性があるのは、滞納です。滞納については、管理会社との間での契約書で期限後４～６カ月間は請求書を出すが、あとは管理組合に処理の責任が戻ってくるようになっています。管理組合としては「最後まで責任をもってくれ」といいたいところですが、これは法律上の制約があって管理会社では法律的な処理をふくむ取立てはできないのでやむをえないところもあります。

建物・設備の大規模修繕と日常修繕

　建物や設備の現状がどうなっているかをつかんだり、必要に応じて小修理をおこなったりする仕事は管理組合にとってもっとも基本的な業務の一つです。共用部分のガラスが割れたとか、蛍光灯がきれたとか、タイルがはがれたとか、水漏れがあったとかについて居住者からの連絡が管理員あてにあり、それぞれの場合に誰がどのように対応するかは決まっていると思いますが、それらは毎日の業務日誌に記載され、１カ月まとめての報告が管理会社（フロントマン）から理事会にあることでしょう。
　また大きくは、長期修繕計画にもとづいて、年々の必要な対応について助言したりするようなことも管理会社からおこなわれると思います。これも、管理組合側で主体性をもって、居住者の協力を得ながら、設備の点検をしていくことが求められます。大規模修繕の

準備や日常の建物・設備の管理問題については、第5章で扱います。

トラブル処理

マンションは共同住宅ですから、まったく区分所有者個人のものである専有部分といえども、その使用方法には一定の制限が課せられるのは当然です。そのため、管理規約や細則などで、その内容が決められます。しかし、いくら管理規約や細則があっても、区分所有者間のトラブルはさけられません。マンションでのトラブルといえば、騒音、ペット、水漏れが三大トラブルといわれますが、いずれも専有部分の使用にかかわっています。しかし、規約、細則などにある以上、管理組合がトラブルの裁定をせざるをえません。そこで、第7章でトラブルについて詳しくみることにします。

第7節　今日の課題

いま、日本のマンション管理は、最初にのべたように、区分所有者が管理組合をつくり、日常的には管理組合員から選ばれた理事会が中心になって運営しています。

しかし、最近、管理組合員が高齢化して理事会の運営も困難になってきたなどの理由で、理事会をつくらず外部から管理者を招いてその人に管理を任せようという制度が国土交通省で検討されています。この制度を一般化しようという考え方には、マンション住民の生活を考えないなど、たいへん問題も多いと思われるので、第9章で見解をのべています。

マンション管理組合は、全国に10万近くあります。そういう管理組合の活動には、自主的な組合間の連絡団体（私どもNPO日住

協もそうです。全国団体としては日住協も加入している全管連＝全国マンション管理組合連合会があります）から、マンション管理を援助する各種のＮＰＯ団体、マンション管理士、それに最近では都道府県や市町村のなかにもマンション担当の部局ができて相談や支援をおこなっているところもあります。それらの団体のそれぞれの特徴や活用のための方法などは、第10章で取り扱います。

　最後に、いまマンションをとりまく状況はどうなっているか、私たちの住むマンションは将来どうなるだろうかという問題について、簡単にふれておきます。
　いまマンションと定義されるわが国の分譲の共同住宅は600万戸を数えます。今後も増える方向で、わが国の住宅問題のなかに占める重要性はこれからも増大していくでしょう。そしていろいろな設備をもった超高層のタワーマンションも増え、マンション管理はいっそう複雑、困難になる一方、老朽化するマンションも増えています。
　ですから、マンションの再生や建て替えの問題、管理・運営の対策など問題は山積しており、さらに大きくなっていくと思われます。これらについて、国や地方自治体の取り組みは十分ではありません。また、個々の管理組合や関連の諸団体、専門家などの対応も、これからの課題であるという部分がほとんどだと思われます。
　この本では、そういう問題もふくめて、私たちの考えを示していますが、マンション管理それ自身、新開拓の分野ですから、今後の検討にまつところも大きいと考えます。

COLUMN

「マンション管理の適正化を考える」

　マンション管理適正化法が成立して15年ほどになる。あらためてこの法律の意義を考えてみたい。

　この法律は「マンション」や「管理組合」という用語を初めて法律のなかに登場させたもので、マンション管理士資格の新設やマンション管理業者の登録制度を定めている。

　しかし、管理組合にとって意義があり、重視したいのは、同法第3条にもとづいて国土交通省が公表したマンション管理適正化指針の内容や、第4条の「管理組合は、マンション管理適正化指針の定めるところに留意して、マンションを適正に管理するよう努めなければならない」「マンションの区分所有者等は、マンションの管理に関し、管理組合の一員としての役割を適切に果たすよう努めなければならない」などの文言だと思う。

　この指針が、まず一の「適正化の基本的方向」で、「マンションの管理の主体は、マンションの区分所有者等で構成される管理組合」であるとはっきり言いきっていることに注目すべきである。

　かなり多くの管理組合が、管理を管理会社に任せっきりにしている実情があるなかで、管理組合が主体であることを改めて確認しておきたい。

　つぎに二の「管理組合が留意すべき基本的事項」では、最初に、「管理組合の自立的な運営は、マンションの区分所有者等の全員が参加し、その意見を反映することにより成り立つものである」とある。われわれが訴え続けてきた「自立的な運営」の言葉がここに登場してくるのは、まことに力強い味方をえた気持である。さらに指針は、「そのため、管理組合の運営は、情報の開示、運営の透明化等、開かれた民主的なものとする必要がある」とつづけて、以下、規約、経理、長期修繕計画などにふれて指針をのべている。

　いま、第三者管理など、この管理適正化指針とは逆の方向とみられる動きも進められているが、指針の内容を詳しく読むならば、管理組合はあらためてその原点にもどって考える機会となると思われる。

　ぜひ各管理組合の関係者の方々も、もう一度この指針を読み直してみられたらいかがかと思うものである。

第2章
マンション管理規約

この章はマンション管理規約の話です。「規約は管理組合の憲法」といわれています。管理組合を運営するさいの最高の基準です。しかし、実は、問題があまりなく、業務が順調にすすめられている管理組合では、規約のことをそれほど考えないで、日常の運営がされています。それはその方がいいのです。私たちが日常生活をしているなかで、法律の存在をそう意識していることはありません。まして、憲法のことなど、ごくまれにしか頭にのぼりません。
　ところが、自分勝手な運営をどんどん実行する理事長が現れたり、あるいは組合員から理事会のやっていることは規約違反なのではないかなどという意見が出たりしたときには、改めて規約の内容が問題になったりして、みんなで規約を読み直したりすることも、ときどきはあるでしょう。つまり規約は、それにもとづいて日常の管理組合運営をすすめるとともに、問題が起こるたびに参照して、対応の適否を考えるさいの基準なのです。
　おとなりの中国では、「人治」とか「法治」とかという言葉が、かなり頻繁に使われているようです。わが国でも「法治国家」という言葉が通常使われているように、もともと政治の場や社会生活の場では、ことがらの正否を判断する基準は「法」です。トップに立っている人の考え方や言動で、法律や規則を無視してことがらが進められるのが「人治」です。たんなる法律にとどまらず、もう少し広くとらえて「法」というわけですが、中国で「法治」が強調されているのは、各部署の上に立つ人が法律を守らず、自分の考えでことをおこなうという傾向がかなり広範にあるので、それをいましめるためだと思われます。日本でも、会社などは「人治」の方が普通で、いかに不合理でも「社長命令」といえば通用するという事態がはびこっているように思われます。会社などでのこういう例は民主主義

とはいえませんから、管理組合のように全員が皆平等で、同じ立場に立って論議し、運営する組織には適当ではありません。

第1節　マンション管理に関係する法律と管理規約の位置づけ

　マンション管理にかかわる「法」としては、まず「建物の区分所有等に関する法律」（区分所有法）や「マンションの管理の適正化の推進に関する法律」（マンション管理適正化法）など各種の法律とそれにもとづく政令などがあります。また、区分所有法の元になっている法律である民法をはじめ、建築基準法や消防法、水道法など建物や設備の維持管理にかかわる各種の法律が関係してきます。

　管理組合運営の具体的な指針としては、マンション管理適正化法にもとづく「マンションの管理の適正化に関する指針」（マンション管理適正化指針）が重要です。マンションの区分所有者をはじめ、マンション管理に関係するいろいろな立場の人の基本的心得をあきらかにしており、この考え方の普及が期待されます。

　区分所有法そのものは、ごく大枠の基準が書かれているだけで、それを参考に管理組合の運営をするという性格のものではありません。問題が起きた時に解決の基準として使われるものです。

　マンションについていちばん基本になる法律は区分所有法です。しかし、区分所有法は、一つの建物を壁や床ではっきりと分けてそれぞれが所有する場合のすべてに適用されますから、住戸ではなく、事務所や商店だけの建物でも、それを区分してそれぞれの部分を所

有する場合には該当する法律です。区分所有法を「マンション法」といっている場合もありますが、厳密にいうと正確ではないわけです。これにたいして、マンション管理適正化法では、かならず区分所有の住戸をふくんでいる建物をマンションと定義しています。ですからいわゆる「賃貸マンション」は、この法律にいう「マンション」には該当しないことになります。

　区分所有というのは所有の一種であることには違いないのですが、純粋の所有ではなく、制限された所有です。第1章でもみたように、マンションでは必ず隣があります。また建物の本体（構造部分）は個人の所有にはならずその棟の区分所有者全員の共有（「共用部分」といいます）です。個々に所有できる（「専有部分」といいます）のは、玄関扉から内側の壁・天井・床にはさまれた空間と壁・天井・床の表面部分（内のり）だけだということになります。しかも、専有部分の使用（利用）についても、まったく自由ではなく、ほかの所有者の使用に影響を及ぼす場合には、所有者間の権利や利害の調整のためのいろいろな決まりを規約、細則などで決めることができ、それに従わなくてはなりません。

　そもそも所有というものの本質は、自分の所有物を自由に処分したり、利用したりできることです。しかし、マンション（区分所有）の場合には、売買をしたり抵当権をつけたりする「処分」については自由にできますが、利用には大幅な制限があります。つまり住戸専用のマンションでは、事務所や商店として使えない、ペット飼育やピアノ演奏などにも禁止や制限がある、他人に貸す場合も会社の寮にはダメだとかという規制もできる、自分の住戸の壁でも構造部分には穴をあけることができないなどなどです。もっとも最後の穴あけの点は厳密にいうと、専有部分ではなく共用部分にも入り込む

からできないのですが。そして、これは第1章でくわしく説明したところですが、一般には区分所有者が管理組合をつくり、自分たちで方針を決めて、マンションの運営をやっていくことになっているわけです。

　こういう管理組合の運営を実際にどのようにやっていくかということでは、建設省（いまの国土交通省）が1982年につくり、何度かの改正を経てきたマンション標準管理規約というものがあり、参考になります。これは、体系的によくまとまったものですから、これを元にした規約が各マンションの管理組合によってつくられ、適用されているところが大部分です。標準管理規約は、最初は分譲業者などが管理規約（案）をつくるときの「指針」として活用するよう発表されましたが、現在では管理組合が管理規約を作成したり改正したりするさいの「参考」であるという位置づけになっています。ですから、法的な強制力はなく、各管理組合が自由な立場で規約をつくることができます。もちろん、区分所有法に反する規定はダメですが、それ以外なら標準管理規約と大幅にちがっても、まったくかまわないのです。規約に標準管理規約と違う規定を入れたり、標準管理規約にないことを決めたりするとダメだという専門家がよくいますが、そういうことはありません。

　マンション管理組合は、まったく私的な団体ですから、広範な自治が可能です。「区分所有法」も、その条文で管理組合を制約している部分（いわゆる強行規定）は、それほど多くはなく、現に区分所有法そのものに、この部分は規約で区分所有法と違う規定をすれば、それが有効になるという意味のことを書いている条文がたくさんあります。

　なお、区分所有法には一定の手続きをすれば、管理組合が法人に

なれるとの規定があります。法人になれば、法務局に登記して公開されますから、権利関係が法的に明確になり、不動産などを法人の名義でもつことができたり、借入れをするさいの手続きが簡単になったりするようになります。マンション管理組合については、法人になっても監督官庁はなく、活動が制約されることはありません。ただし、立法のさいに、法人になっても、法人にならない管理組合との間で、税金やその他の条件で差をつけないようにするとの趣旨でつくられたため、そのほかに法人になったからといって特別有利になるということはありません。

　管理組合は、その運営を支えるために、管理規約（規約）、使用細則（細則）やその他の規則類、さらに毎回の総会決定や理事会決定などを制定、決定して活動します。それがたいていの管理組合でおこなわれているあたり前のやり方ですが、規約や細則、規程、規則などいろいろな名前の規定類をつくることが、どこからか義務づけられているわけではありません。さらに、文書にはなっていなくても、そのマンション管理組合で長年、慣例的におこなわれていることをふくめて、個々の管理組合におけるこれらの規約や細則などこそが、紛争が生じた場合などにおける判断基準として法的な意味をもつことになります。

　実際、規約はマンション管理組合の「憲法」ともいうべき「最高自治規範」ですから、この規約は、管理組合と組合員、あるいは組合員同士などの間で紛争が生じたさいの裁判規範にもなるものです。たとえばペットの飼育などをとってみれば、裁判所は一般にペット飼育がよいかどうかなどという判断はしません。もっぱらそのマンションの管理規約で飼育が認められているか禁止されているかを判

断の基準とします。ですから、個々の組合員にとっては、自分の所属する管理組合の規約の規定がどうなっているかが決定的意味をもつことになります。

　区分所有者の団体（「管理組合」として成立していない場合も区分所有者によって団体が構成されているとみなされます）にとって、規約の設定は義務づけられているわけではありませんから、ごく小規模のマンションなどでは規約のないところもあります。その場合は、区分所有法がそのまま適用され、それ以外の部分は区分所有者全員を対象とした集会で決めていけばよいことですから、規約がないからといってマンション生活ができないわけではなく、際立って不都合が生ずることもありません。ただ、管理組合が規約をもち、代表者の規定が明確になっていると、民法上「権利能力のない社団」といって、法人ではないけれども、裁判の当事者になることができるなど、法人に準じた法的な位置づけがされることになります。

第2節　規約の構成と内容

　管理規約（規約）については、前にみたように区分所有法に反していない内容であれば、マンションの管理組合が自由に設定できます。「最高自治規範」なのですから、区分所有者が自立的に自治の立場に立って、区分所有者の意向が最大限反映されるように総会で決定すればよいことです。区分所有者の大多数の意思ということで、全構成数（組合員と議決権数の両者）の4分の3以上の賛成が必要とされているのは、そのためです。

　区分所有法では第3条で、「規約を定め」る「ことができる」と

あり、単に「規約」となっています。また、たいていの規約には、区分所有法の規定を確認的に書いている部分があります。これは、規約に法律の規定をそのまま記載しておけば、正確でもあり、いちいち法律の条文を参照しなくてもよく一覧性があるわけで、重ねて書く意味があります。しかし、法的にいえば、この部分はなくてもかまいませんし、かりに法律と違った（反した）規定が書かれていてもそれは無効で、区分所有法の強行規定（規約の改正には総構成数の4分の3が要るなど）は、法律どおりの規定を適用するしかないからです。ですから法律が改正されたあと、規約の改正が間に合わなかったときにどうするかなどの設問に答えて、強行規定についても規約を改正しないと適用できないなどといっているケースがありますが、そんなことはありません。任意規定の部分は別として、強行規定の部分は規約がどうあろうとも改正法に従うしかないのです。

　一方、標準管理規約にかんしては、その改正の都度、個々の管理組合の規約を改めることが推奨されています。しかし、もともと「参考」なのですから、何もあわてて改正する必要はありません。たしかに標準管理規約の改正は、状況に合わなくなったり、使い勝手の悪くなった部分を手直ししたりして、前よりよくするものですから、自分の管理組合の状況をみて、直したほうがいいとなってはじめて直したらいいわけです。さらに、標準管理規約自身が、前の規定は事実上適切ではなかったということを認めて直している部分もあります（総会での賛否同数の場合に「議長が決する」としていた部分など）。勝手なことをいわせてもらえば、「性能のいい新車ができたから使ってください」というような程度のもので、「うちはまだ今の車で十分だよ」と思う管理組合はとくに改正をすることは

ありません。

　構成についてみると、マンション標準管理規約では、「第1章総則、第2章専有部分等の範囲、第3章敷地及び共用部分等の共有、第4章用法、第5章管理、第6章管理組合、第7章会計、第8章雑則」となっています。ほかにもいろいろの団体で規約のサンプルを作成していますが、それらもおおむね、この標準管理規約の形を踏襲しており、章別のまとめ方が若干ちがう程度です。いわゆる公団型規約（昔の日本住宅公団が分譲にさいして、区分所有者による管理組合設立総会に提示したもの）は、見た目には短いのですが、実は「用法」と「管理」の相当部分が「協定」（規約と同じ扱いをする）として別設定になっており、それを規約そのものに合体させれば、あまり変わりはありません。

　ここでは、管理規約とはどういうものか、その構成や内容についての考え方はどうか、などについてのべていきたいと思います。また、区分所有法の規定などについても関連してのべます。

第3節　管理規約に何を入れるか

専有部分と共用部分

　どの管理規約でも、最初に言葉の定義や専有部分、共用部分の範囲について書いてあるのがふつうです。決まりきったことが、ややこしく書いてあるようにみえるので、さっと読み流すことが多いのですが、これが管理組合の仕事の範囲を決めたり、費用を管理組合が払うか区分所有者が払うかを決めたりする時の基準になるので、自分の管理組合はどうなっているかを、一度は丁寧にみておいてく

ださい。

　専有部分というのがその住戸の区分所有者の個人所有の部分です。どこまでが専有部分なのか、分かりにくいので、規約できっちり定義しているわけです。普通は、隣や廊下を隔てる壁から内側（壁紙などは専有部分に入る）はすべてとなります。部屋と部屋との間の壁などは、建物の基本構造ではありませんから、専有部分です。

　外部との境目で壁でない部分、窓枠やガラス窓は共用部分です。また玄関扉はカギと内側の塗装部分が専有となっています（外側と錠は共用部分）。ややこしいですが、これは建物の基本構造部分ではなく、いつでも取り換えられる部分ではありますが、いずれも外から見える場所なので、個々の区分所有者の専有にすると窓がステンドグラスにされてしまったり、扉の色を変えられたりする可能性があります。そうなると、マンションとしての統一がとれず、美観上問題なので、こうなっているのです。

　ただ費用負担は別です。ガラス窓のように各家庭の使い方で割れるものですから、管理組合の負担とするのは合理的ではありません。あなたの管理組合でも、「ガラスを割ったら自己負担で直す」と規約か細則で決められているはずですから、一度確かめてみてください。

　バルコニー（ベランダ）も部屋の外ですから共用部分です（隣とつながっているバルコニーは避難通路の意味もあります）。共用部分ですが、専用使用できるとされています。しかし、いざという場合、隔壁をやぶって隣のベランダに入れるという建前になっています。隣とつながっていなくても一般には共用部分にしています。これは大規模修繕のことなどを考えると、合理的だと思われます。

　また、給排水の配管は屋内部分については専有部分ですが、階上

の住戸の配水管が階下の住戸の天井（見えないところ）を通っているケースがあり、これは共用部分になるなどの例外もあります。最近は新しいマンションで、集中火災警報装置の配線が屋内まできているものが増えていますが、これは管理上の理由で配線も警報機も全部が共用部分の扱いになっています。

　これらの共用部分については、区分所有者の共有ですから、その変更については、区分所有法上の規定があります。改良を目的とする軽微な変更は、総会の一般決議（区分所有法上は区分所有者と議決権の過半数、標準管理規約では半数以上出席の過半数の賛成）で可能です。これには、いわゆる大規模修繕で、共用部分の重大な変更をしない場合をふくみます。これにたいして、共用部分の重大な変更は区分所有者と議決権の４分の３以上の賛成を必要とする特別決議になります。さらに共用部分を処分する場合は、「変更」の規定ではダメで、原則の共有関係に戻って、区分所有者全員の賛成が必要となります。これは敷地についても同様です。

　敷地は、普通は区分所有者の共有です（借地の上に建築されている場合は別ですが）。所有権のある場合（ほとんどがこのケースです）は、建物と一体の取引で、登記も一体となっていますから、一般には特別の問題はありません。ただし、敷地の一部分が借地で所有権が区分所有者ではない場合は、その部分が処分されてしまうと建ぺい率を満たさなくなり、「既存不適格建物」になってしまうおそれがあります。なお、敷地の一部分を区画して特定の区分所有者に専用させる（専用庭など）場合があり、このようなときには「専用部分」といういい方をします。なお、敷地を区分して駐車場としている場合は、期限を切って敷地を区分所有者に貸しているだけですから、「専用部分」ではないとされています。

用法

そのつぎには「用法」の問題が書かれます。マンションの場合は、専有部分といえども、使い方は自由にはできません。いわゆる複合型マンションで、はじめから商店などとしての利用を予定しているところや、繁華街にあって、住戸としても使うが、会社の事務所などとしての利用も予定しているところは別で、指定された用途には使用できます（なお、全部が事務所専用で住戸部分がなければ、区分所有建物ではあっても、マンションではありません）。住戸専用（ファミリーマンション）というところでは、たいてい規約に「住戸として以外につかってはならない」と書いてあります。この場合は事務所や商店としては使えません。

これも、管理組合によっては、住戸の一部を利用して週1～2回生花教室に使うぐらいは、理事会の許可を得れば可能なところも多く、その判断は、管理組合が規約や細則で自由に決められます。ただし、最近はIT関係の会社をつくってもパソコン一つで仕事ができますし、一般の企業でも単なる名目だけの事務所をマンション内におくなどのケースもありますから、そういうものは他の住戸に何の影響も与えませんので、禁止する必要があるかどうかも疑問です。また実態を掌握しきれませんから、仮に禁止しても、禁止しきれないという問題もあります。

用法ではほかに、暴力団の事務所使用（上記の事務所禁止でも対応できますが）や、住戸であっても暴力団員やその家族が購入あるいは借用して、暴力団員の出入りがはなはだしい場合の使用禁止や、ペット飼育の可否、ピアノなどの利用の可否や時間制限などを決めることができます。

最近、マンションの賃貸化に悩んでいる管理組合も多くなってい

ますが、住戸の賃貸を原則禁止にしている管理組合もあります。前にみたように、区分所有といえども所有権ですから、その住戸の処分というのは管理の対象にならずにまったく自由です。しかし、住戸の貸与というのは処分でなく、「用法」なので、管理規約で規定すれば規制できる（現に暴力団関係者への貸与禁止規約はひろく存在する）との考えから、この管理組合では「賃貸禁止」を規約に入れています。ただし、原則禁止ですが、自分が住んでいた住戸を転勤などで一時的に貸したりする場合は除外されています。

総会についての規定

　総会についての各論（とくに運営方法）は後の第３章でおこないますが、規約上の主要な規程事項について、とくに問題となるいくつかのことをのべておきます。

　１つは総会の成立と議決の要件です。標準管理規約では、管理組合員の「半数以上の出席で会議が成立し、出席者の過半数の賛成で議決」となっています。そうすると、総構成員の４分の１をわずかに超えた数の賛成で議案が成立する場合があることになります。この出席数には、もちろん委任状や議決権行使書による議決参加の数もふくみます。

　多くの管理組合で総会の出席者が少なく、どうやって集まってもらうかに苦心しているというのが実情ですから、この標準管理規約の規定は、実際的だと管理組合の理事会からは歓迎されているのも無理はないと思います。世間では、会議の定足数などない組織もたくさんあります。また、欠席者は自分から出席権を放棄しているのだから、どのような決定があってもいいと認めていると解釈できるわけで、それで構わないという考え方もあります。

しかし、管理組合の主要な目的は、区分所有者の生活の基本的な部分を構成する住戸という財産の管理にあるのですから、それなりの慎重さが必要だと思われます。できれば、区分所有法のもともとの規定である、総構成員の過半数（普通決議の場合。区分所有法では、組合員数と議決権数の両方を満たすことが求められる）の賛成で議決するとしたほうがよいと思います。この場合、過半数の賛成がなければ決議が成立しないのですから、会議成立の要件はとくになくても差し障りはないわけです。標準管理規約と同様の規定をもつ管理組合でも、実際の運営では可能な限り多くの総会参加者（議決権行使書、委任状をふくむ）となるように努力してください。
　総会についての２つ目の問題は、だれが議長をやるかということです。標準管理規約は理事長が議長になるとしています。ただしコメントで、総会の出席者から議長を選ぶこともできると書いています。
　これは、コメントで書かれている、総会出席者から選ぶ方式のほうがよいと思われます。というのは、会議の議長というのは、ほんらい中立で民主的な運営に努めるのが基本的な立場ですから、議案の提出者で、何とかして議案をスムーズに可決したいという立場にある理事長が担当するのでは、どうしても会議運営上ムリが出て、公正さにも疑いがもたれるからです。もちろん、実際の会議場に参加する数が少ない場合、理事長やその他の理事などが議長になるのが自然で、会場から選ぶといっても大げさになるということもあります。しかし、「会議参加者から選ぶ」との規約であれば、理事長や理事が議長になる場合もふくんでいますから、それでいいわけです。
　３番目は、総会の委任状についてです。標準管理規約は以前の規定では、委任先を「組合員あるいはマンションに居住する組合員家族、あるいは占有者」と限定していました。いまは、いっさいの制

限をなくして、誰にでも委任できると極端に変化しています。しかし、通常のファミリーマンションの場合は、区分所有者が居住しており、そのもとで総会が開かれるということになります。ですから会社のように、不特定の株主に開かれた組織ではなく、一定の特定者の集まりということになりますから、委任状の範囲をまったく自由にするというのは考えものです。マンションの運営をどうするかということを討議するための総会ですから、まったくの部外者が、総会論議に影響を与えることを認めるのは適切とはいえないでしょう。たとえていえば、仲間うちの集まりに「総会屋」みたいな人が来て、ああだこうだと発言するようなもので、会議の正常な運営ができなくなるおそれがあります。古い標準管理規約に合わせている管理組合は変更をしないほうがいいように思われます。

　つぎは、総会に代わる「書面決議」の問題です。区分所有法に書面決議の規定があり、管理組合の構成員の全員が書面で賛成の意思を表明すれば、決議が成立します。これは区分所有法のとっている「集会主義」の例外事項です。当初の区分所有法から入っていますので、多くの管理組合の規約にもそのまま入っているはずです。しかし、全員の一致という条件がありますから、ごく少ない組合員の場合は別として、一般に何十人あるいは何百人という組合員のいる管理組合では、ほとんど現実性のない規定になっています。これが2002年の改正では、議案そのものへの全員一致でなくても、書面で決めることへの全員一致があれば「書面投票」を実施してもよい、投票の結果そのものは、一般議案であれば、過半数の賛成があれば可決となると、大幅に「書面投票」範囲が広げられました。こちらのほうは、まだ規約に取り入れていない管理組合も多いと思います。

　「書面投票」制度にしても、１人でも反対があれば実施できない

制度ではありますが、議案への賛成でなく、制度への賛成があればと拡げられたことから、「制度ならばよい」「議案に反対すればよいではないか」などといって、実施に持ち込まれる危険性があります。集会をおこなってよく討議するというマンション管理組合のよきあり方をゆがめるものとして、たいへん望ましくないと思われます。

なお、この「書面投票」と似ていますが、まったく性質の違う制度として、総会を開催したのち、すぐ採決で終了とせず、1週間ぐらいを投票期間（採決期間）としてきた管理組合が以前からあります。そこでは、日曜日に総会をおこなったあと、次の日曜日までを投票期間とします。総会をおこなって討議のうえ決定するという「集会主義」の立場をとっていますから、全員一致の書面投票の規定に反することはありません。しいていえば、総会期間が8日間あり、そのうち最後の採決に長い時間をかけているということでしょう。総会を開くという面と、できるだけ多くの組合員が議決に参加するという面との両方をそなえた一つの試みとして注目されます。

理事会についての規定

理事会については第4章でくわしくのべます。

役員（理事、監事）の資格の規定は重要です。これについても以前の標準管理規約は、「そのマンションに居住する区分所有者」と、きわめて限定していました。現在は、居住条件は撤廃して、単に区分所有者としています。これは考えてみれば当然のことで、もともとどのような組織の構成員にとっても、その組織内での役員の「選挙権、被選挙権」というのは基本的権利であって、区分所有者である以上、そのマンションに住んでいてもいなくても、役員に選出される権利があるのはいうまでもないことです。役員になるのは権利

というより義務で、仕事をさせられるばかりだと思っている人が多いからといっても、原則を決めるさいは、ものごとの本来の考え方にかえらなければなりません。遠隔地にいて、役員の任務を果たせるかどうかということはありますが、それは権利の所在という問題とはまったく別のことです。ここでは対象としていませんが、リゾートマンションを考えてみれば、区分所有者といえども、ほとんど常住していないのですから、役員の条件に「居住」をいれることなど考えられないではありませんか。

さらに、すでに多くの管理組合で実施しているように、区分所有者の家族であっても、そのマンションに住んでいれば役員になれるよう規約を変えるほうが実際的で、いまいわれている役員難の解消策にも応える方法だと思われます。

標準管理規約改定の検討の場では当然話題にあがったということですが、区分所有者でなければいざというとき責任がとらせられないという意見があって採用されなかったとのことです。これもおかしな話で、区分所有者であっても金銭の不正などを働くような人は、すでに借金まみれで破産に近く、返せないことがほとんどで、責任をとらせたくてもどうしようもない場合が多いのです。家族も役員の資格者になるという場合、狭くは「配偶者」だけ、あるいはそれに加えて「親と子」と１親等にまでひろげているところ、さらに兄弟姉妹など２親等にもひろげているところもあります。ここまでは、標準管理規約より、ひろげている管理組合のほうが実際的でよいと感じます。

なお、役員の範囲を占有者（住戸を借りている人、この場合は賃貸のときも、親族などが無償で借りているときもふくむ）にまでひろげている管理組合もありますが、これは考えものです。というの

は、とくに賃借人の場合は、区分所有者と利害関係が相反するときがあるからです。たとえば、管理費や修繕積立金の引上げは区分所有者としては必要性が分かっても賃借人としては家賃に反映されるとして消極的になるというようなことがあります。

また、さらに範囲をひろげて規約に決めれば、まったくの第三者が役員になることも可能です。

占有者やそれ以外の第三者を役員にする場合には、そういう人の意見で理事会が支配されないように、少なくとも占有者、第三者理事の人数の限界（全体の４分の１以下あるいは３分の１以下というふうに）を決めておく必要があると思います。

理事会については、理事の任期の問題がマンション管理方針の継続性という点で重要です。多くの管理組合において輪番制で任期１年、全員交代となっています。総会で方針を決めてはいますが、実情は理事会ごとに、とくに理事長の個性によって、毎年方針が変わっているという管理組合も少なくないのが実際のところだと思われます。

任期は少なくとも２年はあったほうがいいと思います。とりあえず任期１年はそのままとしても、「再選も可」として必要な人、条件のある人は何年かつづけるようにしたら、業務の継続性もできますし、理事になった人も落ち着いて仕事ができるようになります。しかし、あまり長く続けるのも弊害がでるおそれがありますから、最長５～６年（１年任期の場合は５期、２年任期の場合は３期）あたりを限度と決めておけばいいでしょう。

これは管理規約の問題ではありませんが、引継ぎの重要性ということも強調しておきたいと思います。その管理組合の活動の経験とは、特定の役員や元役員の頭の中だけに蓄積されるのではなく、管

理組合の組織の中、とくに理事会の中に文書、記録として保存され、受け継がれていくのが、あるべき姿だと思います。そうすれば、役員が変わるたびに方針が変わるというようなことはなくなります。

理事会との関連で、管理規約で専門委員会を設けることができるとの規定を設けるとよいと考えます（詳細は細則でよい）。常設の専門委員会を設ける場合は規約に専門委員会名を書き込んでもよいと思います。通常は、規約では「専門委員会を設けることができる」との規定だけにして、大規模修繕工事とか規約改正問題とか新たに大きな問題が生じたときに専門委員会を総会の決定で設けることにして、専門委員は公募などで集めて、理事会で任命するというのが適切だと思われます。

その場合、専門委員会は、総会で選出された理事会の下に理事会任命で置かれる組織（諮問組織あるいは業務補助組織）ですから、理事会にたいして意見をのべることはできますが、決定はすべて理事会でおこなうようにしなければなりません。とくに専門委員会の委員の任期が長くなると、1年あるいは短期の任期の理事ではどうしても専門委員の経験や能力が上になってしまって、理事会は承認をするだけというようになってしまうことも珍しくありません。その点からも、さきほどのべた理事の一定期間の留任の必要性が求められると思います。

理事会と専門委員会の関係ですが、できれば専門委員が理事会の下部組織であることをあきらかにしめすために、理事が専門委員会の責任者になること、メンバーは公募などで決めるのですが、その採否をふくめ、任命は理事会の決定でおこなうことがよいと思います。そのうえで、理事長、専門委員会委員長などの立場の人が、それぞれの立場をよく自覚して協力し合うしかありません。それぞれ

「長」の立場に立つ人の独断専行ではなく、メンバーが内容をよく理解して、納得のうえで賛成し、行動できるように努力することです。「長」である当事者もそうですが、まわりの人も、組織や会議の民主的運営ということに気をつけてほしいと思います。

　これまでみてきたのは、区分所有者自身が家族と住むことを原則とする、いわゆるファミリーマンションを想定して考えているものです。それ以外の、リゾートマンションやワンルームマンション（とくに投資型）などは、区分所有者がほとんど定住していませんから、総会や理事会の開き方、役員の選び方をはじめ、その運営は相当ちがったものにならざるをえません。当然、管理規約の内容も、かなり違ったものになります。たとえば、リゾートマンションのなかには、「定住禁止」を規約に入れているところもあります。

　これらのマンションでは、理事会は不要という考え方もあり、管理会社が「管理者」になって、管理運営の主体と委託運営と双方の立場を一手ににぎって運営しているところも少なくありません。しかし、管理会社に自社利益優先の勝手な管理をさせないためには、理事会があり、それが一定機能していて、それなりのチェックができるような体制であることが、どうしても必要だと思います。事実、管理会社による不当な運営の事実に気がついて区分所有者が対応に乗り出し、理事会が精力的に動いて問題を解決させた事例が、いくつも記録になって発表されています。

その他の課題

　正規の「建物管理」以外の業務は、規約上どれだけできるので

しょうか。区分所有法上は特段の規定はありませんし、標準管理規約ではふれられていません。

　とくに問題なのは、超高層マンションなどで各種利便施設が共用施設（共用部分）として組み込まれている点についてです。マンション管理の目的は建物および設備の管理ですから、規約上は当然であるということになります。また、こういう施設があるために、マンション管理に経営的感覚が必要だといって、第三者を管理者にしようという制度導入の主張の根拠にもなっています。

　しかし、これは考えてみると、おかしなことです。マンション管理は建物とそれに必然的に伴う給排水や電気・ガスなどの設備を維持するという目的が主要なはずです。そのためにどの管理組合でも長期修繕計画をもち、その修繕を確実におこなう保障のためにかならず修繕積立金を集め、管理しています。この修繕積立金の運用は、決められた用途にどうしても必要な費用として用意するものですから、資金の運用にあたっては絶対にリスクのあるものでおこなってはならないというのが、どの管理組合でも鉄則になっているはずです。積立金についてこういう原則が確立されていますから、他方で管理組合がいわゆる「事業」に手をそめて、リスク負担をするなどということが認められるはずはありません。超高層マンションの多くが、共用部分を事業者に貸し出すのであれば、一応特段の問題はない（借り手がないという問題は起こりえますが）としても、自前で事業をするとなると、どうしても赤字を生むなどのリスクに直面せざるを得ません。そういう問題は、現在あまり論じられていませんが、将来的には問題が起こる可能性がたいへん高く、超高層マンションの課題の一つだと思われます。

　それらもふくめて、管理規約には、管理組合の業務として事業的

なものは入れるべきでないというのが当然ではないでしょうか。

団地について

区分所有法の考え方は、マンションの管理組合は、いくつもの棟からなっている団地についても、もともと管理組合は棟ごとに成り立つというものです。同時に、団地として敷地や独立の建物である集会所などが団地内のすべての区分所有者の共有となっていますから（一部の区分所有者の共有の場合もある）、もう一つ、団地としての管理組合が成り立つという二重の関係ができるわけです。もっとも、区分所有法では「団地」の規定は1983年の改正で登場したものですから、それまでにできていた団地の管理組合は、団地全体を一括して管理するとなっていて、棟ごとの管理はしていない場合がほとんどでした。そこで、区分所有法では、すべての管理を団地管理組合がおこなう場合の規定も設けて、それまでの状態を認める形になっています。

ただ、その場合でも、区分所有法第57条～第60条の行為停止や競売の請求などの規定は、棟（の管理組合）でなければできないとされていることに注意が必要です。

建て替えについて

建て替えは、管理組合の仕事であるマンションの管理という範囲を越えていますので、ふつう管理組合ではあつかいません。事実、区分所有法には建て替えのかなり詳しい規定がありますが、標準管理規約にはありません。建て替えが決まった後は、建替組合という別の組織をつくって実務をすすめることになります。

しかし、建て替えの議決をするまでの過程は、管理組合として処

理しますので、特別議決の要件（5分の4以上）などは規約に定めてあるわけです。そのなかでふれておいたほうがいいのは、建て替えの必要性の有無の調査・検討や新しい建物の建設の計画などに、どの程度の費用が出せるかということです。以前は、まったく規定がありませんでした。いまの標準管理規約では、修繕積立金からの一定の支出が認められています。

会計の規定について

会計の問題では、各組合員の負担割合の件と2棟以上の建物があって団地となっている場合の区分管理の件についてみておきます。

まず費用負担ですが、管理費、修繕積立金とも専用部分1㎡あたり◯◯◯円と決まっているところと、管理費は全戸同額で、修繕積立金だけ1㎡あたり◯◯◯円となっているところとがあります。また専有部分の面積ごとに大まかに分けて、Aは6,000円、Bは8,000円、Cは10,000円というような決め方をしているところもあります。なかには、各戸の面積がほとんど変わらないようなマンションでは、修繕積立金も一律の金額のところもあります。その他の決め方をふくめて、管理規約では「決め方」の方法だけ規定し、1㎡あたりいくらというような具体的な金額は総会で決めるという形になっていると思われます。なかには、金額まで管理規約に規定しているところもありますが、そうすると状況に応じた改定がしにくく、不適切です。

修繕積立金が専有部分の面積1㎡あたり◯◯◯円となっているのは当然ですが、管理費はどうでしょうか。全戸一律か1㎡あたりか、どちらがいいかは議論があり、むずかしいところだと思います。というのは、管理員の費用とか、清掃費とか、エレベーター・駐車場・

集会所など施設の利用とかは、専有部分の面積というより、どの住戸も同じだけ利便をうけているわけで、全戸一律にも、それなりの理由があるからです。この点は、それぞれのマンションでの合意の結果によればよく、どちらが適切とはいいがたいものです。

　団地ですが、区分所有法はそもそもマンションについては建物ごとの経費管理を基本として考えています。現に、法律ができて20年あまりは、団地の規定はありませんでした。1983年に改正して団地規定が入りましたが、依然として棟ごとに管理組合（管理組合が組織されていなければ管理のための団体）が成立しているという考えに立っています。

　たしかに1棟80戸とか100戸とか、あるいはそれ以上とかいう規模のマンションによる団地の場合は、区分経理が必要で、そのようにするのが望ましいと思います（団地共通の費用は別会計）。しかし、1棟20戸とか30戸のまったく同じ造りの住棟が並ぶ団地の場合、区分経理はあまり合理的ではなく、一括経理が普通になっています。これはこれで構わないと解釈されます。とくに、1棟2戸、3戸などというテラスハウスをふくむ団地もあり、1棟ごとに管理するなどは現実的ではありません。

第4節　管理規約と使用細則、その他の規則類

　管理規約はいわば「管理組合の憲法」ですから、区分所有法で、規約の制定、改正には、組合員数と議決権数のそれぞれ4分の3以上の賛成がないとできないと明示されています。

　使用細則、細則は、規約の範囲内で、もう少し細かい決めごとを

する性格のものです。総会で普通決議（区分所有法では組合員数と議決権数の過半数、標準管理規約では半数以上出席した総会の過半数）で決められます。駐車場、駐輪場や集会所の使用細則、ペット飼育細則などが代表的なもので、管理組合によってはかなりたくさんの細則をもっているところがあります。

　なお、最近の標準管理規約では、従来の使用細則（第18条）のほかに細則（第70条）を追加し、総会、理事会の運営や会計処理、届出事項などについて細則を設けられることを規定しましたが、これについても総会の決定を要するとしています。

　しかし、理事会の運営要綱（総会は別として）や会計処理、届出事項などの細かい基準まで、総会に提出して審議をうけなければならないということになると、総会の負担がたいへんになります。また、重要性という点でも、どうしても総会でなければならないというほどのことでないと思われます。言葉としては、使用細則、細則を並べると混同するので、総会で決めなくてもよいものを規則、規定類として、理事会で決めることができるとの規約をつくるのがよいでしょう。

　いや、重要だから標準管理規約どおり、総会にかけなくてはダメだとの主張もあるとは思います。しかし、理事会で決めてもいいのではないか、という見方には、一定の根拠があります。それは、区分所有法の第52条（管理組合法人についての規定ですが）には、集会の決議のうち、特別決議の条件がついているもの以外は総会（集会）でなく、理事その他の役員が決めることを規約に入れれば、総会で決めなくて規約に規定した「理事その他の役員」で決めてもいいという規定があります。この「理事その他の役員」とは、理事会のほか、代議員会や総代会（フロア代表者会議、棟代表者会議）

などいろいろ考えられます。法人になっても、規約にさえ入れておけば使用細則や細則の改廃や簡単な工事から予算まで決められるぐらいですから、重要な使用細則などは総会で決め、後は理事会決定にすることなど当然許容範囲です。

　なお、これらの管理規約、各種の細則、規則・規定などをすべて網羅したハンドブックのようなものを作成し、全組合員に配布している管理組合があります。そして、問題が発生するごとに必要な規則や運営要綱類を補充しています。こうしておけば、役員が変わったからといって、運営の基本が変わることはなく、筋のとおった「法治」ができますので、このやり方を見習っていただけるよう、希望します。

COLUMN

「女性理事長、支えたい」

「とくに気負いはないですね」。この度、愛宕2丁目住宅管理組合の理事長に就任した小林みつるさん（43）は、淡々と語る。同団地は、多摩市愛宕にある、多摩ニュータウンでも初期に開発された団地。402戸、人口800人。女性理事長は、初めてだ。昨年、理事就任。任期2年目のことし、理事の互選で、理事長に就任した。

5月19日の管理組合総会で、よろしくと頭を下げた。職場への通勤、理事会の仕事と、バイクで駆けまわる。「高齢化が進むので、団地内のコミュニケーションを大事にしたい」と強調する。

横浜市緑区の霧が丘グリーンタウン第一住宅管理組合でも、安本とよ子さんが、5月に理事長に就任した。70歳を超えるが、長く民生委員を務めるなど、団地のこと、地域のことを知り尽くしている。その人柄に住民は、期待を寄せる。高齢化が進む団地では、柔らかい対応のできる女性理事長の特徴が生きるはずだ。

日住協は、5月に150余の加盟管理組合を対象に役員についてアンケート調査を実施したが、役員のうち30%が女性役員だった。そのうち、理事長は何人か不明だが、確実に女性理事長は、進出しているようだ。

管理組合の理事長は、女性には荷が重いと見られてきた。とくに、多額な費用と業務が重なる大規模修繕工事を控えていると、敬遠されてきた。今匝も、愛宕2丁目の小林さんは、3億円近い工事費を投じたサッシの交換など大規模修繕が今年2月に、終わったばかりで「当面、大規模はないという気軽さはあった」ともらす。だが、霧が丘の安本さんは、給排水管更新等の大規模修繕を1年半後に控え、準備がスタートした。しかし、この団地独自の長期管理計画委員会の専門委員会が発足、一級建築士の理事が委員長に就任、支える態勢ができた。こうした、苦手部分を、団地のベテラン男性陣が、支援する体制をとれば、クリアできる。役員のなり手不足の時代、とりわけ理事長を引き受けたがらない状況は、深刻だ。団地、マンション住民の半分を占める女性が、理事長を担う時代が来たが、同時に、支える態勢を確実につくりたい。

第3章
総会は
管理組合最大の行事

どこの管理組合でも、年1回の総会をやっています。報告や説明中心で、質問もなく、数十分で終わるところから、熱心な討議を数時間もつづけるところまで、いろいろあります。あなたのところはどうでしょうか。

　どんな形でやるにしても、マンションの管理にとって重要なことは、ぜんぶこの総会で決まります。マンション管理組合にとっては、もっとも基本的で、重要な役割をもつイベントです。「国会は国権の最高機関」という言葉がありますが、同じように総会は管理組合の最高意思決定機関であって、総会こそマンション住民の将来を決める最高、最大の行事として大切にしなければなりません。

　しかし、その重要性にくらべれば、どの管理組合でも集まり具合は、よいとはいえないのが実情です。マンションの持ち主のだれもが、「国会議員」が「国会」に行くようなつもりで総会に出席するのだと思えば、もう少し出席もよくなるのではないでしょうか。それに管理組合は、国会とは違って、決めたことをすぐに自分たちで実行できるのですから、総会への参加はたいへんやりがいのある仕事だといえるでしょう。

　とくにマンション管理組合の総会は、代表制ではなく、区分所有者全員が出席対象者となることが区分所有法で決められています。このように全員が参加した会議や投票で規則や方針を決めることを直接民主主義といい、民主主義のもともとの形です。また、会議でものごとを決めるのは、単にそれぞれの議案に賛否の態度をアンケートのように表明するのとは違います。それぞれの意見をみんなの前で表明し、討論しあって、相手の意見もよく聞きながら、納得すれば自分の意見を変えたりもしながら、よりよい結論を得るのが、会議の本来の目的です。A案かB案かでなく、討論の結果よりすぐ

れたC案という結論に達するというようなことが、ほんとうに望ましい会議のあり方です。ただ、管理組合の場合は、事前にしめされた議案しか採決の対象になりませんので、この精神を生かすのはなかなかむずかしいところがありますが、できるだけこの方向に近づけた運営に努力したいものです。

　ここでは、総会の目的、会議の準備、総会当日の具体的な運営の仕方など、3つのテーマにわけて、みてみたいと思います。

第1節　そもそも総会は何のためにおこなうのか

　総会の直接的な最大の目的は、「全議案を通すこと」です。しかし、ただその目的だけで、どんな無理をしても議案を通すのだということではありません。議案は通ったけれど、組合員の間に深刻な対立状態が残ったというのでは最悪です。全員に呼びかけてせっかくおこなう総会ですから、総会を開くことで管理組合のプラスになることはなにか、ひろく考えてみたいと思います。
　総会の目的は、たくさんありますが、つぎのようなことが考えられます。

(1) 過去1年間の業務報告をおこなう。その内容を区分所有者によく分かってもらえるように努力し、区分所有者の管理組合への信頼や関心を高めるようにする。
(2) 参加者（区分所有者）の意見が正しく反映されたうえで、今

> 　　　後1年間の管理組合としての方針を決める。
> (3) すべての議案を可決することは当然基本的な目的だが、その内容を参加者（区分所有者）が十分理解し、支持するようにしなければならない。
> (4) できるだけ予定時刻に終了する。以後の予定を立てている人もおり、「長引くなら今後は参加しない」などと思われないようにする。同時に、これは「できるだけ」であって、会議参加者に「発言できなかった」、「運営が強引すぎる」などの不満を残さないようにすることも求められる。
> (5) 総会の準備と総会そのものをつうじて、執行部への信頼を高め、管理組合の必要性への理解をいっそう深める。
> (6) 総会は、管理組合員の交流の場でもあり、よりよいコミュニティづくりに役立てるようにする。

　項目のところで少し内容にも入りましたが、さらにそれをもう少し詳しくみたいと思います。

　(1) 1年間の業務報告は当然のことですが、区分所有法上の義務ともなっていることに注目したいと思います。過去1年間の理事会の仕事がうまくいっておればよいのですが、問題点があった場合にも隠すことなくきちんと事実をのべ、管理組合の動きに理解や共感をもってもらうように、誠実に報告すべきだと思います。また、質疑応答をおこなって、報告の内容の理解をいっそう深めるようにすることも必要です。そのことによって、総会が、区分所有者が理事会のやっていることを理解し、いっそう支持、支援し、協力してくれるような機会になるように努力したいものです。

(2) まず、参加者の意思が正しく反映されるということの意味です。「マンション管理適正化指針」は、マンション管理の主体は管理組合だといっています。管理組合の主権者は、いうまでもなく区分所有者です。理事会が方針を出して、組合員（区分所有者）がそれを了承して従うのではありません。理事会は、組合員の意向をよく掌握して、それに合致した方向で方針の案を出し、組合員全体の意向でそれを練り上げ、合意を形成するのです。総会（集会）が「管理組合の最高意思決定機関」だというのは、そういう主権者のまとまった意思を確定するための作業の場だからです。理事になって少し経験が増え、マンションの状況や管理のあり方について様子が分かってくると、どうしても「上から目線」になってしまうので、気をつけなければなりません。総会で本当の合意ができれば、その後の１年の業務はたいへんやりやすくなるはずです。

(3) 議案を可決することに全力を挙げるのは、執行部として当然の課題です。しかし、総会の場で、思いがけないほど多くの反対があったときには、一歩退いて、区分所有者の意向を最大限反映し、全体をまとめるためにはどうしたらよいかをよく考え、柔軟な対応をすることも、ときに求められます。その場で修正して可決する、一定の時間を経て再提案するために今回は採決を留保することを総会で決めてもらう、あるいは否決覚悟で採決する、など状況に応じた対応が必要です。提案したら、何が何でもその場で採決をしなければならないという義務はありません。硬直した対応にならないよう、総会の場の空気もよくつかんで対応すべきと思います。また一般的にいえば、議案が否決になっても、それは総会での総意がそのように決まったというだけで、役員が責任を感じて辞任するというような事柄ではないことは当然です。

(4) 開始や、終了の時刻を守ることはたいへん重要です。終了予定時刻は、できるだけ守ってください。いつもあまり長くなるという習慣がつづくと、「定刻が守れないなら帰る」とか「次回からは出席しない」などという人が出る心配もあります。しかし、逆に、活発な論議があるのに、予定時間がきているからといってやたらに急いだり、強引に打ち切ったりするのは考えものです。会議参加者の状況や気分をよく察知して、これもその場に合わせた対応が必要です。時間を延ばす場合は、できるだけ会議にはかって参加者の了承を得ながらすすめることが重要です。

(5) 総会の準備から総会終了後の議事結果の報告などまで、すべての過程を形式的に処理するのではなく、どのように区分所有者の管理組合への信頼関係を発展させるかを考えながらすすめることが望ましいと思います。とくに、会議参加の働きかけをしたり、役員になるようにすすめる取り組みは、たとえ成功しなくても、やり方によっては、それを通じて信頼を広げることができます。

(6)「よりよいコミュニティづくりに役立てる」ということですが、ご存じのように標準管理規約では「コミュニティ形成」という言葉が一貫して使われ、「コミュニティ」に全部「形成」とついています。
　単なる言葉の問題かもしれませんが、「形成」となると、どうもコミュニティはできていなくて、これからつくるのだという感じが強くなります。「づくり」というのも同じようなことかもしれませんので、わざわざ「よりよい」となっているのです。
　それはさておき、「コミュニティ形成」というと、どうしても「お祭りや餅つき大会等」がすぐ出てきますので、総会がなぜコミュニ

ティに関係があるのかと思われるかもしれません。そこでまずコミュニティについて基本的にどうみたらよいかをのべておきます。

そもそもコミュニティの定義は「同じ地域に居住して、利害を共にする人々の集団」ですから、「建物の維持管理」という基本的目的を同じくする集団である管理組合は、その結びつきの強弱はあるにせよ、マンション入居の直後からそこにはコミュニティが形成されているといえると考えます。ですから、その集団が基本的目的のもとで全員が話し合う総会の機会は、コミュニティとしてのその結びつきをいっそう強化する最高の場だと考えるわけです。会議の場での発言も、見方をかえれば、交流です。ああ、この人はこういうことを考えているのだなとか、あそこの家ではそういう要望があるのかとか、家族構成をふくめていろいろな問題点や意見が出ると思います。それが、その後のマンション内の人々の交流関係にプラスになるのではないかと思われます。

そんなことをいったって、論議が対立して区分所有者同士が反目をすることがあるかもしれないと心配なさる方もおられると思います。しかし、一つ一つの議案にたいする意見の違いはあるのが当然で、それはほんらい何も人間的対立につながるものではありません。議論し、採決が終わればノーサイドであって、やあやあと握手をし合えばよいわけです。だからこそ、どうやって信頼をかちとるかをよく考えて対処することです。「雨降って地固まる」ということわざもあるように、対立したら終わりではなく、そこをどう調整しつつ解決へもっていくかが重要なのだと思います。

第2節　総会の準備は、いつごろから、どのように、何をしたらよいでしょうか

　管理組合の総会は、会計年度が終わって2カ月以内に開かれるのがふつうです（規約で3カ月以内となっているところもあり、規約はそのままでいいのですが、総会そのものはできるだけ早期に開くのが望まれます）。暦年どおり12月に終わるところでは2月に、3月末が年度の終わりのところは5月にひらかれています。

　ですから、事業報告や決算、事業方針や予算などの案の作成は、総会の2〜3カ月前から始めればよいでしょう。区分所有者がすべて自力でやるところと、管理会社に素案をつくってもらって、それにもとづいて最終案をつくるところがあると思います。管理会社に素案をつくってもらうところでも、素案をそのまま確定案にしないよう、理事会でよく検討していくことが必要です。とくに、事業方針にあたる部分は、これからやることですから、理事会としての意見や区分所有者からの希望などを入れてつくるよう、努力していただきたいものです。管理組合によっては、事前に組合員から議題（についての提案）を募集しているところもあります。

　ふつうの議案はその時期でいいのですが、大規模修繕の時期が近づいていたり、規約を改正する必要があったりするときには、場合によっては1年前、つまり総会が終わったらすぐつぎの総会の準備をするようなことも必要になってきます。その場合は、つぎの総会に間に合うように、専門委員会をつくり、検討計画の日程を決めて、1年間のうちに議案にできるよう、着々と準備をかさねていくということになります。

一般的な総会の準備としては、2～3カ月前からおこなうものとして、
(1) 議題の決定
(2) 議案内容の作成準備
(3) 会場の確保
(4) 役員候補者の依頼
(5) 広報紙などによるPR
　などがあり、1カ月ぐらい前から直前までにおこなうものとして、
(6) 総会の正式公示（2週間以上前）
(7) 議案書の作成配布
(8) 実際の総会出席者の確認と委任状、議決権行使書による総会参加者の確保
(9) 説明会の実施（状況により、やらなくてもよい）
　などが必要でしょう。

　上記について、もう少しくわしく説明しておきます。
　(1) と (2) 議題としては、どの管理組合でもかならずやらなければならない項目として、1年間の業務報告と決算、今後1年間の業務方針と予算、委託業務の承認、理事・監事の選出などがあります。また、多くある議題としては、規約の改正、細則などの制定・改廃、修繕工事などの実施（それに伴う修繕積立金の取り崩し）などです。また管理組合によっては、コミュニティ活動（自治活動）、植栽関係、共用施設関係、ペットクラブ、自動車クラブなど各種委員会が設けられていて、その報告や関係議案の提案があるところもあります。
　業務報告や決算は、すでに終わってしまっていることの報告です

ので、採決をしないところもあります。どちらでもいいですが、確認をするというかケジメをつけるというような意味で採決をしているところが多いようです。また、管理費や修繕積立金の額の改定は、予算に入るのでそのなかで扱う場合と、独立の議案とする場合とありますが、これもどちらでもよいと思います。

　(3) 会場は、マンション内に適当な会議室があればいいのですが、ないところが多いと思います。近くの公立の施設や自治会館などがあれば早く申し込みをしておく必要があります。私立の貸会議室などを借用する必要が生ずる場合もあります。少人数のときは、極端な場合、マンションの廊下や喫茶店などを使用することもあるかと思います。それぞれの条件に応じた場所で、ということでやむをえないと思われます。

　なお、会議室の規模は、想定される出席者数が入れる程度のものでよいでしょう。万一、定員オーバーになるほど出席者があれば、嬉しい誤算なわけですから全員で喜び、そのうえで、みんなで対策を考えればいいだけのことです。とりこし苦労はしないほうがいいでしょう。

　(4) 役員候補者は、順番制など事前に決まっているところも多いのですが、できるだけ早く決めて、その予定者に理事会を傍聴してもらうなどの引継ぎの準備ができれば、たいへんよいと思います。役員の問題は、理事会の章で詳しく書くことになります。

　(5)　ＰＲは重要です。５月の最終日曜日など総会の定例日が決まっている場合も、念には念をいれてＰＲすることが必要です。み

んな知っているだろうと思わないで、忘れているかもしれないと思ったほうがいいでしょう。くりかえし強調しないと、つい別の予定を入れてしまいがちです。ＰＲの方法は、それぞれの管理組合のやり方があると思いますが、掲示だけでなく、いろいろな方法を使うことを考えてください。広報紙があれば、それを十分活用します。議題を伝えるだけでなく、特別の議題のある場合は、その内容の詳しい説明をしたり、関連の経過を報告したりするとよいと思います。管理組合の広報紙がないところでは、総会の宣伝のためにとくにチラシを作ったらよいと思います。これまでに広報紙を出したことがなければ、かえって注目されることにもなると思います。

　(6) 総会の正式通知は、全組合員に届ける（マンションに住んでいない組合員には郵送する）のがいちばんいいのですが、掲示でおこなうのでもかまいません。ただし、２週間前までに必ずおこなうことが必要です。このときは、普通議案なら議題だけ、特別議案なら議案の要領（何を決めるかの内容が分かるもの）だけでよいのですが、議案書そのものを届けられれば、それに越したことはありません。

　(7) 議案書は、できるだけ早く組合員の手元に渡るようにしたいものです。委任状を集めたり、議決権行使書を出してもらったりするのですから、決定をしてもらう議案の内容が組合員に完全に伝わっていることが求められます。たしかに法律上は、普通議決の案件では議案の題名、特別議決の案件でも議案の要領が伝えられればよいことにはなっています。しかし、たとえば「管理費値上げの件」だけでは、果たしてどれだけ上がるものか分からず、賛成し

てよいのか、反対しなければならないのか判断ができないでしょう。こんな不親切なことはありません。議案の表題だけでは適切だとはとうてい言えないということです。

(8) 総会は、本当は実際の出席者をたくさん集めて、管理組合員の総意が正しく反映されているようにすることがいちばん望ましいことは、いうまでもありません。

　委任状や議決権行使書が多くて、総会でどんな議論をしても実際にはもう原案どおり可決されることが確定していて、白けてしまうなどというところも多いと思います。委任状も議決権行使書も法律が認めている形式であり、また区分所有者が自分の意思表明の方法として選んだものですから、票の値打ちとしては総会出席者の票とまったくかわりません。

(9) 総会の議案ができたら説明会をおこなうという管理組合も多いと思います。説明会をやれば、総会での発言が少なくなり、早く終わるということもいわれています。たしかに、説明会で細部の質問にも答え、総会での時間を節約することは必要です。しかし、説明会と総会とは性格が違い、総会では意見をのべたり、一定の範囲の修正提案をしたりすることができます。説明会ではそういうことはできません。また、総会で質問があったとき、「あなたは出席しなかったけれども、それは説明会で済んでいます」という回答はできません。総会は最高意思決定機関であり、説明会は任意の催しですから、説明会に欠席したからといって、それを非難するわけにはいかないからです。

第3節　総会当日の運営について

(1) 受付

　まず最初に、当日の受付段階ということで、実出席と、委任状、議決権行使書の取り扱いを考えます。

　総会の議決に参加する方法は、ご承知のように、①総会に実際に出席すること、②委任状を出し、ほかの人に任せること、③議決権行使書により行使すること、の３つの方法があることが区分所有法により規定されています。ですから、この３つの方法は必ず採用しなければなりません。どれかを除外するわけにはいかない規定です。仮に規約に委任状や議決権行使書の規定がなくても、区分所有者がこれらのものを持ってきた場合は、正当に作成されたものであれば、受け取ってその区分所有者の要求どおりの措置をとらなければなりません。

　区分所有法は管理者（理事長）に、年１回の総会（集会）での報告を義務づけているように、「集会主義」の立場をとっていますから、本来は、なにをおいても、総会そのものの場に、どれだけ多数の人が集まるか、集めるかということを最大の課題にしたいものです。

　そういう意味で、出席を促進することが第一です。総会の通知の出しっ放しというところも多いかと思いますが、掲示や「お知らせを何度も出す」などから始め、電話、戸別訪問などが考えられると思います。強制はできませんし、反発をかうようなやり方も逆効果ですから限度はありますが。しかし、いずれの方法をとるにせよ、

区分所有者が積極的に参加しようという気になるような働きかけが必要です。

　総会に人を集める工夫、総会を成立させる工夫ですが、役員などによる委任状集めを、チラシ、電話、戸別訪問などでおこなっているところもあると思います。あまり押し付けでないかぎりかまわないと思いますが、むりやり委任状を書かされたというようなことにはならないほうがいいと思います。本来は、前にのべた総会の意義をよく理解してもらうことが大切です。会議が本当に民主的に内容のある形で運営され、区分所有者にとって、意義があり、マンション生活に役立ち、楽しいというようなものだということを理解してもらって、実際に会場に来てもらうことが望ましいのです。

　マンションにおいては、区分所有者と同居している親族も委任状の相手として認められている場合が多いと思われますので、区分所有者のかわりに家族が出席することも、大いにすすめてほしいと思います。その場合、委任状はあったほうがいいのですが、なくても委任をうけているとの表明があれば認めていいと思われます。これは民法第761条の日常の家事について配偶者は連帯して責任を負うという条項に根拠があり、管理組合の総会はいわば「日常の家事」であって、連帯責任でことを処理してよいというふうにみられるからです。もちろん、夫婦の見解がちがって、事前に「妻が出席を求めても、断ってくれ」などと夫が言ってきていたなどの事情がある場合は別です。このことをここに入れたのは、区分所有者とともにマンションに居住する家族は、できるだけ同じように扱ってほしい（実際にもそうしているところは多い）からです。

　ある団地の管理組合総会の議案書には、出席（予定）票と委任状とがつけられていますが、家族への委任状は区分所有者の「出席票」

のほうに組み込まれています（家族出席の場合は「委任状」であるという形式になっていますが）。

　いずれにせよ理事長への委任状と議決権行使書ですべての議案の可決が確実になってしまえば、総会は形骸化するわけで、可能なかぎり実際の出席者が多いのが望ましいわけです。一般の組合員の目からみれば、場合によってはこの議案は修正や否決もできる可能性があるということであってこそ、実質的な討議もでき、出席の促進にもなるのだと思います。

　また、年１回駐車場の位置変更をする組合では、総会の後にそれをやることで出席せざるをえなくさせるなどの手立てを講じたり、小規模のところでは総会後に飲食物の出る懇談会などを企画するなどして、参加者を増やす工夫をしているところもあります。

　しかし、根本的には総会そのものが「役に立ち、面白い」行事であるということで参加者を集めるというのが、本筋のところであり、もっとも望ましいことです。

　なお、「出席できなければ、委任状か議決権行使書を」という働きかけになるのですが、これは問題点もありますので、管理組合の実情に応じて、どういう形で運用すべきかよく検討されるのがよいと思われます。

　委任状には、理事長委任状、議長委任状、その他の出席者への委任状の３種があります。

　標準管理規約では理事長と議長とは同一人が原則ですから、議長委任も理事長委任となります。理事長は議案の提案者ですから、当然、議案賛成の委任状となり、これが多ければ会議の議論がどうあろうとも議案は可決できます。なかには、会場の出席者では反対が圧倒的に多いため、規約の規定に反して可決とせずに次回送りなど

の対応をしている場合があります。これは実情に即した措置だと思われますが、規約違反にあたるのは明確であり、これがよいかどうかには賛否両論がありうると思います。要は、組合員多数の本当の意思はどこにあるかということですから、事後になって組合員がこうした処理方法を容認するかどうかの見方によって、管理組合ごとに判断するしかないのではないでしょうか。

　議長を別個に選ぶ場合は、選ばれた議長は自分の意思で賛否どちらに投票することも可能です。しかし、委任状が非常に多い場合には、議場の参加者の意見が圧倒的に議案に反対でも、議長が賛成すれば可決するということがありえます。法的には問題がなくても、本当に適切かという問題は残ります。こういうケースについて、議長の恣意的判断でなく、議場の賛否（理事長委任状、議決権行使書の態度もふくめたもの）の多数の側に入れるという形をとることを事前に明確にして委任状を出してもらうようにしている管理組合があります。こうすれば、中立の立場の議長のとる態度としては望ましく、また総会の場での実質的な討議を保障する点でもいいと思います。

　なお、理事長、議長以外への委任状もあります。ほかの組合員などへの委任状は、当然ですがきちんと区分所有者の署名のあるものが求められます。家族への委任状の場合は、それほど厳密な扱いでなくてもよいと思われます。現在の標準管理規約は、委任状の範囲を大きくひろげて誰でもよいと改めました。管理組合は、基本的にはマンションの居住者が多くて、株式会社などの株主とは違い、経済的利害だけでものごとの判断をするわけではありませんから、弁護士やマンション管理士などの「専門家」が代理人になって、総会を舞台に代理戦争をやられても困るわけです。現在の標準管理規約

にとらわれず、代理人の範囲は区分所有者の家族でマンションに居住する人あたりにとどめておいたほうが現実的です。

　議決権行使書は記入された内容にしたがい、決議に加えます。単純明快なのですが、これが多数あると、総会の場でいくら白熱した論議をし、仮に反対が圧倒的に多くても、それが反映されず、それ以前に結果が決まってしまっているという欠点があります。
　そうはいっても、これは区分所有法で決まっている方式なので、除くわけにはいきません。なお、この関連でのべておきたいことがあります。それは、標準管理規約で議決権行使書の提出者は、組合員としての会議出席をしたものとみなすという規定が欠けていたので明確にしたと解説をしています。まあこのことは、いわば当たり前のことを確認しているだけで、仮にこの規定が欠けていても、議決権行使書の行使者が出席に扱われるのは当然です。

　出席者の範囲ですが、区分所有者および規約で認められた範囲の委任状所有者がその範囲となります。ただし、管理者が別にいる場合は、法律で指定された会議の招集者ですから、出席するのは当然です。
　また、管理会社の社員や工事会社、設計監理会社など説明が必要な場合などに、出席してもらうことは、規約になくても可能なのは当然です。
　そもそも規約というのは、総会の正式な構成について規定しているだけで、正規の構成でない部分は、執行部や議長において、自由な判断をすればいいことです。ですから、議長が認めれば、居住している家族などの傍聴ももちろん可能です。ただ、理事会・理事長

はきちんと選ばれていても、事実上の管理者は管理会社であるような管理組合もあり、説明を求められた理事長が「管理会社から回答をしてもらいます」となったりしているところでは、時間をかけてでも、できるだけ理事長や関係理事が答弁するような自立的運営に改善していくことが必要だと思います。

(2) 開会

　規約で理事長が議長をやるとなっている管理組合は、時間がきたら理事長が開会を宣言します。会議の定足数が決まっている場合には、定足数の人数が定刻になっても不足（委任状や議決権行使書の数を入れても）していれば、「不足しているので、定足数に達したら開会します」と伝えます。

　もちろん会議の定足数のある場合は、それに達するまでは開会できません（ただし、「正式会議ではないが自由討議という形で質疑応答などをおこなう」ことを了承してもらって、事実上は開始することは可能です）。会場で議長を選出する規約の場合は、理事会のだれか適当な人が司会者として登場し、議場にはかって議長を選びます。ふつうは、司会者のほうで事前に依頼して内定しておき「議長は○○さんにお願いしたいと思いますが、ご承認いただけますでしょうか」と発言し、承認をうけるのがいいでしょう。「どなたか議長に立候補する方はいらっしゃいますか」と会場に聞くほうが筋ですが、その場合は、思いもかけない人が「じゃあ、立候補します」と名乗り出たときに、どうするか慌てないように考えておく準備が必要です。

(3) 事業報告と決算報告

　事業報告は、法律で管理者が年1回総会（集会）での報告を義務づけられているもので、文書だけでなく、かならず口頭での説明が必要です。これは区分所有者の質問の機会を保障するという意味もあると思われます。なお、管理組合によっては、議案とせず、議案外の報告としているところもありますが、決算報告と同様、すでに済んでしまったことの報告ですから、可決しても否決してもそれ以上のことはできず（政治的というか道徳的というかのうえでは意味がありますが）、採決するかどうかはどちらでもよいと思います。なお、管理組合によっては、部門ごとの担当者が報告するところもあるようです。それでもかまわないのですが、いずれにしても本来は理事長が理事会を代表して組合員に報告するもので、それを代理でおこなっているという位置づけになります。議長＝理事長の場合、会議の運営が恣意的だとの批判を受けないよう、慎重におこなう必要があります。

　なお、事業報告や決算報告も、提案されている文書をそのまま読み上げているケースがよくあります。すでに文書が出ているので読んで分かるから省略すべきだという考えももっともですが、実際は出席者も読んでいないか、ちょっとだけ目を通しただけという人が大多数ですから、読みあげも意味がないわけではないと思います。とくに事業報告は、法律にも義務づけられているわけですから、それなりに要点をきちんとのべる必要があります。

　なお、決算報告は、収支決算を一般会計、修繕積立金会計について出すほかに、かならず貸借対照表をつけることが必要です。ときに貸借対照表のない議案書がみられます。さらにその他の特別会計があればかならず公表し、帳簿にない収支や財産がないようにしなければなりません。什器備品台帳も総会には出さなくてもいいです

が、かならず備えておかなくてはなりません。

(4) 各議案の採決の扱いなど

　そして実際に会議が始まります。あとの運営は議長に任せるのですが、理事会としては、会議の予定スケジュールをＡ４用紙で１～２枚のマニュアルにつくっておくとよいと思います。これは、理事長＝議長の場合も、会場から議長を選出する場合も同様です。

　それには、議案ごとに誰が提案説明をするか、そのあと質疑・討論をおこなうことにし質疑と討論を一緒にやってしまうか、それとも質疑をおこないその後に討論をすると分けるかなども書いておきます。簡単な議案ではいっしょにやり、重要な議案では分けるというふうにしてもよいでしょう。なお、質疑だけしかおこなわず、討論が予定に入っていない管理組合が相当あるようですが、討論こそ総会の基本ですから、省略しないようにしましょう。討論が終わったときの、「質問、意見はないようですので、採決にいたします」「第１号議案の採決を挙手（拍手）でおこないます」「第１号議案は挙手多数（全員一致）で可決されました」など、節目での発言の文言まで用意をしておくことが、運営をスムーズにおこなう秘訣です。

　採決ですが、質疑・討論で異論がないようでしたら、議長が場内の様子を判断し、「異議ありませんか⇒異議なし」「それでは第１号議案は異議なく採択されました」というような形式になります。「異議なし」でなく、拍手、挙手、起立でもいいと思います。また、若干の反対意見がある程度なら、「賛成の方」「反対の方」（正式にはこの順序ですが、反対が少ないことを見越して逆でもよい）をそれぞれ挙手してもらうことでよいと思います。なお、ときには会場から「投票で」などと意見が出ることがあります。その場合は、会場

にはかって採決方法を決めるのがいいと思います。

　賛否が伯仲する場合は、出席者が少なくて数えられるなら挙手あるいは起立でやってもいいですが、投票をしたほうが正確に出ます。投票は本来記名投票ですが（議決権行使書がそうなっているので、それに合わせる）、総会会場の分だけは無記名でもかまいません。いずれにしても採決の後、賛否の票数や可決・否決の別を、議長が明確にのべなければなりません。だれが見ても採決の結果は明らかであっても、議長が結論をのべなければ本来的には議題は終わらないのです。なれないと「採決は終わりました。それでは次の議題にいきます」ということになりがちですから、きちんとマニュアルどおり読みあげるようにしてください。なお、5分の4（組合員総数、議決権総数とも）の特別多数決をする建替え決議の場合には、個々の態度表明が後に意味を持ちますから、当然「記名投票」が求められることになります。

　ところで議長が採決に参加するかどうかですが、建前上はかならず議決に参加するものという扱いになります。なぜなら、議長が区分所有者として多数の議決権をもつ場合もあり、参加しないと定足数に達しないことも起こりえるからです。ただ、異議なし、拍手、挙手などで決めるような場合、賛否に明瞭な差があり、参加しなくても結果に影響がない場合は、参加しなくてもかまわないのはもちろんです。

　議場で賛否同数の場合のことは規約の章に書きましたが、採決に参加した議長がさらに最終の決定権をもつのは不合理であり、賛否同数では議決要件の「過半数」に達していないのですから、「否決」となるのが当然です。改正前の標準管理規約に合わせて「賛否同数の場合は議長判断」となっている規約の管理組合は、改正したほう

がいいでしょう。

　総会の採決でよく問題になるのは、理事は理事会提案に反対の態度表明ができるかどうかです。理事会は基本的には執行機関ですから、個々の理事には総会の決定や理事会の決定を執行する義務があります。しかし、総会に提出される議案は、名前のとおり「案」です。決まるまでは「案」で、執行義務の対象ではありません。理事会で「案」を決めるのに激しい討論があって、最後まで反対だったという場合もありえます。さらに、理事会のなかにA派とB派があって管理組合運営の理念が違うという極端な場合も、少ないでしょうが存在します。ですから、当然、理事も一区分所有者としての個人的見解で採決態度を決めても差し支えありません。ただし、決まった後は、決まったことにしたがって一致して行動しなければならないのも、これまた当然です。決まったことができないという場合には、理事を辞めるしかありません。

　さらに、「書面投票」と似ており、そう呼ばれる場合もありますが、違っているものとして、総会後に一定日数をとって議案に賛否の投票をする形式をとっている管理組合があります。これは、総会後1週間をかけ、次の日曜日を締切りにして開票するものです。これなら区分所有法上の集会（総会）を実施していますから、総会の期間が1週間（8日間？）あるとみなせばいいわけです。もちろん、区分所有法からみても適法です。

(5) 時間配分

　会議の規模にもよりますが、2時間前後は必要ではないでしょうか。15分か30分で終わらせようと考えるのはよくないと思います。昔は株主総会といえば短いほどいいと理解されていましたが、現在

でははじめからじっくり報告をするとしている会社もあり、問題のある会社では、数時間かかる総会も珍しくなくなってきています。

　会議の運営は、それぞれの管理組合で慣例のようにやっている運営方法があり、むりやり変えることはありませんが、法的にも実際的にもむりなく手落ちもない正確な運営に努力する必要があります。この場合、総会の進行に関するマニュアルをできるだけ詳しく作成しておいて、議長がそれを見ながら正確にすすめることがよいと思われます。ただ、議長は中立であるということがたてまえですから、「理事会がつくったマニュアルどおりにすすめなければならないことはない」というのも正論で、その点の配慮は必要だと思います。なお、議長は中立の進行役ですから、議事進行上の発言のほかは、余分な発言をつつしむことが求められます。長時間の発言や議題からそれた発言を注意するのは当然です。また、「いい発言ですね」など発言者の発言の批評や評価をしたりすることがよくありますが、これは厳に慎まなければなりません。

(6) 理事選挙と理事長の選出
　理事は、輪番制などで事実上決まっていても、規約では総会で選出する決まりになっているはずです。実例は少ないかもしれませんが、定数を超えれば定数いっぱいの連記投票（連記する数を定数より減らしてもよい）で選挙をやることになります。

　理事長の選出は、総会で理事を選び、理事会で理事長その他を選ぶ方式がよい（大統領制）と思います。ワンマン理事長を辞めさせるとか、理事長の死亡あるいは不正などへの事態にも即応できることがメリットです。

　理事長、副理事長も、理事とは別にして、総会で選ぶという方式

もあり、組合員数の少ない管理組合では、そのほうが実際的かもしれません。

　監事は執行部の監視役ですから、総会で、理事とは別に選ばれなければなりません。なかには、役員として一括して選び、相談で分担を決めている管理組合がありますが、不適当です。

　なお、役員については、定数を何とか満たすのがせいぜいだというのが実情ですから、どこでも一括して承認となっていると思います。それでいいのですが、一人ひとりについて信任投票をするというのが本来のあり方です。この方式をとれば、仮に理事にふさわしくないとんでもない人が立候補してきたときの対策にもなります。

　総会で理事を選び、理事長は理事会で互選するとの規約になっている場合、理事長は理事会を開いて別に選ぶわけです。できれば事前に協議して内定しておいて、理事選出後すぐ総会を休憩にして、１～２分で理事長選挙だけの理事会をやり、総会終了時に新理事長あいさつができるようにするのが望ましいと思われます。

(7)　トラブル対応

　予定どおり順調に総会がすすめばいいのですが、思いがけない事態が発生することは当然ありえます。そのときにあたって「想定外」などといって慌てないように、考えられる諸問題について、検討しておきましょう。

　最初は、長い発言や、同種の発言のくりかえしをおこなう組合員などへの対応です。長時間の発言が予想されたり、実際におこなわれたりしたら、どうするかという問題です。この場合は議長判断で、発言時間を３分とか５分に制限することができます。同じ発言のくりかえしになれば、発言をストップさせることもできます。ただし、

同じ人が何回も発言する場合でも、違った議題に違う内容で発言する場合や、同じ議題でも再質問や反論を発言する場合には、原則として禁止してはなりません。また、この種の発言への対処にあたっては、会場の他の出席者の反応が重要で、会議の妨害になるような発言があれば、参加者の意向をみながら対応することが適切です。強い執行部批判でも、参加者のかなりの部分がうなずくような内容であれば、甘受しなければなりません。

逆に、これは議事妨害だとだれでも感ずるような内容であれば、発言を止めてもかまいません。大声で暴言をはいたり、暴れたりするなどの極端な場合は退席を求めることもありえます。ただし、その場合も議決への参加は止められませんから、議決権行使書を書いてもらうなどします。

これに関連しますが、議長不信任案が提案された場合です。不信任案が出されれば、議長はそのまま変わらなくてもいいですが、すべての議案に優先する動議になりますので、すぐ採決をし、信任不信任を会場で決めてもらいます。理事長＝議長が規約で決まっている場合でも、不信任案が可決されてしまったら、やむをえませんから会場から新しい議長を選んで会議をつづけることになります。

この場合の委任状の扱いですが、会議の運営の適否にかんすることですので、不信任案の可否は会場にいる参加者だけで決めるのが順当でしょう。委任状にも議案への態度を委任するとなっているはずです。

たしかに総会の議案は事前に提案されたものだけが審議の対象になり、新しい議案は審議できないのが通常の規約です。しかし、議長不信任案をふくめて議事運営にかんする動議は、ここでいう議案にはあたらず、採決できることは当然です。また、地方議会が政府

に出す「意見書」のように、要望などで拘束力のない「総会欠席者に自覚を求める決議」のようなものは、その場で出されたものであっても、決めるのに何も妨げはありません。

第4節　会議後の処理

　「結果の公示」は必ずおこないます。なによりも議案の採決結果をきちんと伝達しなければなりません。議決権行使や委任状の提出者、まったくの欠席者などにも結果がどうなったかを知らせる必要があります。掲示だけでもかまいません。また、広報紙でポイントを伝えます。とくに工事が決定された場合などは、できるだけ詳しい説明をつけてかならず報告するのがよいと思います。役員のあいさつなどもあったほうがいいでしょう。

　議事録の作成と発表も1週間以内ぐらいにはおこないたいものです。管理組合法人の場合、理事長（管理組合を代表する理事）を選出する都度（再任＝重任の場合も必要）法務局に2週間以内に登記しなければなりませんから、法人でなくても同じように考え、2週間ぐらい後にはかならず作成できているようにしてください。

　総会で決めたことをどう実行していくかということは、次章でのべる理事会の仕事です。総会議案書（総会決定）には、一定のスケジュールも示されているはずですので、それにそって系統的に仕事が進むよう、計画を立てましょう。とくに大きな工事をその年度か翌年度に予定している場合、規約や細則の改定や、長期修繕計画の見直しなどの計画があるときには、それぞれが年度の初めから終わりまでかかる仕事ですから、管理組合活動の連続性をよく考えなが

ら業務をおこなっていくことが求められます。総会は年1回がふつうですから、これらのことは随時、区分所有者にニュースなどで情報公開をしながらすすめることが大切です。

COLUMN

「理事は総会で議案に反対できるか」

　多くの会員管理組合では、すでに本年度総会も終了していると思われるが、総会を前によくある相談に、理事は総会の場において理事会が提出した議案に反対することができるか、という質問がある。そこで、今回はこの問題について考えてみたい。

　標準管理規約では、総会提出議案は理事会において決議するとなっている。したがって、総会議案はあらかじめ理事会において審議されるわけであるが、理事会の議決は理事の半数以上が出席し、出席理事の過半数で決するとなっている。そこで、総会提出議案に関しても、一部理事が反対しても決議されるということはあり得る。その際、理事会で反対した理事は、総会の場でも反対しないと首尾一貫しないということになる。その意味で、理事は総会の場で議案に反対することはできると考えられよう。

　そもそも、総会に提出される議案は「案」であり、それは組合員（区分所有者）全員で構成される総会において議決されて初めて「決議」となるのである。その「案」をめぐって審議するのが総会というものであるので、当然そこでは全ての組合員が「案」に対して自らの見解を自由に述べることができると言えよう。総会は討論の場であるから、討論の成り行きによっては、見解が変わるということもあり得る。その意味では、理事会において賛成した理事も、反対に回るということもできると言えよう。

　このように考えれば、理事は総会の場で提出された議案に反対できるということになる。そもそも総会は、理事会が提出した議案を全て通すというところに目的があるわけではなく、組合員の合意を獲得するところに目的があるのである。総会において、理事会が提出した議案が否決されても何も問題はない。それが、合理的な結論であれば、改めて臨時総会を開き新たな議案を提出し、審議・可決すればよいまでのことである。

　以上のことを逆に言えば、「議案」が可決された場合には、理事はもちろん反対した者もその決議に拘束されることになるということである。この点も含めて理解を深めていくことが、管理組合運営の適正な発展に繋がるであろう。

第4章 理事会の業務と会議の運営

さて、あなたはめでたく理事に選ばれました。「めでたくなんかない」、「迷惑だ」とお思いの方も多くいらっしゃるかもしれません。ですが、はじめにや第1章でのべたように、理事の仕事の大部分は一戸建てなら自分でやることを、みんなで分担してやるだけですから、むずかしくなどはありません。だれでもできることです。自分のためにもなり、みんなのためにもなる仕事ですから、できるだけ自分のやれる分野を探して、協力しましょう。

　理事は、正式には総会で選ばれますが、それ以前に「輪番」や「抽選」で事実上決まっているところも多くあります。入門書を読むと「理事は義務」のように書いているものもあります。管理組合の仕事は自分のためであるとともに、みんなのために務めるものですから、そういう面はたしかにあります。しかし、ほんとうは、市町村会議員や国会議員と同じようなもので、選んだり選ばれたりするのは、立派な「権利」なのです。輪番よりは、積極的に名乗り出て就任してくれる人やまわりから適任者だとして推薦されてくる人が出るのが理想的です。ただ、現実にはそうはいきません。また、できるだけ多くの人が役員を経験することもたいへんいいことです。特別にできない事情のある例外的な人を除けばだれにでもできることなので、輪番や抽選の条件のもとでもできるだけ支障がおこらないやり方を追求していきたいものです。

　いずれにしても、100戸のマンションで役員（理事と監事）の定数が10人で任期が1年であれば、平均的には10年ごとには役員が回ってくることになります。規約のところでものべましたが、だれでもできるといっても慣れるまでには一定の時間がかかりますから、任期1年で全員交代するより、条件のあう人は3〜4年はつづけるようにすると、理事会業務の継続性もでき、望ましいでしょう。

なお 2013 年 4 月に、マンション管理センターから「理事会運営細則モデル」というパンフレットが発行されています。これは同センターの相談事例などから、「理事会の運営を円滑かつ適正に行うため」「理事の選任方法や職務内容、理事会の運営等に関するルールについてできるだけ具体的に定めておくことが必要」だとして作成されたものです。もちろん公的な性格のものではありません。また、「細則」の形で示されていて（「コメント」もついていますが）、会議としての理事会の運営などの規定が中心になっていますので、なぜそうなるかという考え方は表面にあまり出ていません。しかし、会議の招集から終わっての議事録の扱いまで、丁寧に規定されていますので、あなたの管理組合理事会の参考資料として活用できます。この「細則モデル」については、関連個所で必要なことはふれたいと思います。

第 1 節　理事になって最初にやること

　総会で理事に選ばれたあと、普通は、理事会を開いて、理事長、副理事長、会計担当理事を決めます。事前に相談ができておれば、総会の場で休憩をとって理事会の会議をやり、短時間で決め、総会で理事長の就任あいさつもできます。事前の相談がむりの場合は、後日に理事会の会議を開くことになります。

　理事長などの役職ですが、話し合いでできるだけ適任者を選ぶようにしてください。抽選などで決めることは、どうしても避けたいものです。管理組合というみんなが平等の民主的な組織ですから、いくら仕事ができても、他人のいうことを聞かずに、どんどん勝手

に仕事をすすめてしまう人は困りますが、逆にいろいろな意見の出る理事会をまとめられないで、判断をしない理事長も困るわけです。よいまとめ役ができ、しかも一定のリーダーシップがとれる円満な人等と、条件は難しいですが、できるだけそういう条件に近い適任者を見いだすべきです。

理事の仕事として最初にすることはなんでしょうか。なんといってもすぐやる必要があるのは、前の理事からの引継ぎです。きちんとした文書の引継書があるといいのですが、ないところでも前理事長や前理事、あるいは管理会社の人（フロントマン）から、理事の業務についての説明や、途中になっている仕事の引継ぎを受けてください。発注されて完成していない工事や、取り掛かっている細則の制定や改正などいろいろあるはずです。

このうち、会計理事の業務は、出金のさいの捺印の手続きなど、どうしても必要な事項がありますから、とくに重要です。現金を引き継ぐことはあまりないか、あってもごく少額だと思われますが、会計関係の書類は金額が正確で全体の整合性がとれていなければならないことはもちろんです。金額が合わなかったり、書類が不備であったりして、場合によっては不正の事実が判明することもあります。

この引継ぎを確実におこなっていけば、役員が代わっても業務の継続性は保たれるわけです。なお、引継書のないところは、次回の引継ぎのときには、何とかしてつくるようにしましょう。

同時に、就任したらすぐやってほしいのは「マンション探検」です。「探検」は大げさのように聞こえますが、マンション全体の様子というのは、理事でもやらないとなかなか分かりません。理事になった機会に屋上から地下まで、いろいろな機械設備の機能もふく

めて、理事がそろって見学することはたいへん意義があります。少なくとも1〜2年間は理事を務めるわけですから、その間に設備の修繕や建物の修理の報告や議題が出てくるでしょう。そのときに、該当の設備などについての知識をもっておれば、適否の意見も出やすいものです。エレベーターの動く仕組みや安全設備、いざというさいの非常階段の使い方、給水・排水の設備と仕組み、電気・ガスの設備、非常警報や監視カメラの仕組み、駐車場、駐輪場、高木や低木、草花などの植栽、集会所などからゴミ捨て場にいたるまで、まわって初めて知る設備もあると思います。前の理事や管理会社の係員（フロントマン）や管理員などに説明役を求めるわけです。

　ところで役員間の引継ぎ時に、新役員に説明会や研修会（オリエンテーション）をおこなっているところもあります。ＮＰＯ日住協でも春の役員交代が終わったぐらいの時期に「新役員研修会」を開催しています。これは、規約や区分所有法の内容や考え方、総会の運営の仕方や、理事の仕事や理事会のすすめ方など、この本に書かれているような基本的なことを説明するものです。管理組合でおこなっているところでは、ＮＰＯ日住協でやる場合のように一般論ではなく、その管理組合の歴史や独特のやり方、習慣などをふくめて、規約や細則、諸施設の使用方法や手続きにいたるまで、もっと具体的に理事会の業務が分かるわけです。ぜひ短時間でも時間をつくっておこなうとよいでしょう。研修会をやらないところでも、最近何年かの総会の記録や理事会議事録を読んだり、議案書やその他の保存書類を読んでみると、相当のことが分かります。必要だと思ったら、前役員や管理会社の管理員、その他関係者に話を聞くことも役に立ちます。

第2節　理事の仕事、理事長の仕事

　あらためて理事の仕事とはなんでしょうか。本来、理事会というのは、基本的には総会で決められたことを日常的に実行するための「業務執行機関」です。それとともに、業務執行のために、会議をおこなって規約や総会決定によって理事会に委任されている範囲のことを決める役割も担っています。管理組合の仕事である共用部分の日常の修理を発注したり、修理の出来具合をチェックしたり、あるいは自分でも具体的に、広報紙の編集をしたり、掲示物を掲示板に張ったりする仕事をおこなうことになります。

　そうはいっても、たいていの管理組合は、業務を管理会社に委託しており、日常の業務の大部分は管理会社がおこなっていますので、理事の仕事の大部分は、月1回の理事会に出席して、管理会社の業務の報告を受け、それに質問や意見を言って業務状況のチェックをする、ということが中心になっています。ですから、理事の仕事といっても、理事会の会議が中心だというところも多く、事実上は「日常業務についての決定機関」となっているでしょう。それでは本当は不十分なのですが、当面はそれですすみながら、徐々に改めていくしかないと思います。

　そこでまず、理事としてどうしてもおこなわなければならない「義務」は月1回の理事会に出席することです。月1回だけでなく、総会前とか、突発的に事件があったりすれば臨時理事会が開かれることもあるでしょう。2～3カ月に1回しか理事会をやらないという管理組合もありますが、望ましくありません。少なくても月1回は理事会を開く必要があります。会議は、全員に近いメンバーが集まるのが理想ですから、できるだけ全員の条件のよいとき（土曜日

あるいは日曜日の午前とか、ウイークデーの夜とか）を定例日にして、何曜日の何時と固定化しておくことが、予定が立って集まりやすいでしょう。

　管理会社に業務を「全面委託」している場合、理事会でチェックするのは、どういう点でしょうか。第１が、月次決算の検討でしょう。最近では会計のシステムはパソコンに入っていますから、月がかわれば早い機会に決算書はできるはずです。その月の特別の支出の内容の検討や、滞納状況とその対策などが中心になります。管理会社によっては滞納者の氏名はプライバシーだからといって理事会に知らせようとしないところがありますが、とんでもないことです。会計以外のことでも、管理組合の管理・運営にかかわる情報はすべて管理組合のものです。管理会社は委託を受けてそれを扱っているにすぎません。

　つぎが、１カ月の業務報告です。できれば文書で出してもらいたいものです。理事それぞれがつかんだこの間の管理会社の仕事の状態とあわせて、どんな疑問でもいいですから質問しましょう。

　管理会社に業務を「全面委託」した場合にも、理事の業務はあります。組合員の移動関係の掌握（名簿の整備）、専有部分のリフォームなどの許可、広報（広報紙、会議報告チラシ、ホームページ）、長期滞納者への対応、いっせい清掃など独自行事の運営、組合員へのアンケートの実施、長期修繕計画の検討（修繕資金の確保などの資金計画もふくむ）、規約や細則の改正の検討、将来計画の検討などです。この場合も理事会は、細かい問題よりは大きな視野に立って、自分たちの建物の修繕や改良をどうやっていくか、規約や細則をどう改善して、そのマンションのコミュニティをどうつくっていくか、などの展望をいろいろ議論していくことがよいと考えられま

す。

　会計業務については、管理組合（理事会）として処理すべき業務があります。まず、支出については理事長（あるいは会計担当理事）が払出しの伝票に承認の印鑑をおす仕事があります。通帳は管理会社に預けていても、印鑑は理事会側が持っていなければなりません。理事会としては、支出について理事長と会計担当理事とがどのようにかかわるか決めてあるはずですから、あらためて確認しましょう。会計業務については、修理や備品購入などの大きなものの処理から小口の現金の扱いまで、細かく手続きが定められていますから、それをきちんとつかんで、業務をすすめてください。

　また、広報活動は管理会社が担当する性格の業務ではなく、区分所有者と理事会のあいだを結ぶ絶好の仕事ですから、広報紙の定期発行やホームページの作成など、広報をつうじて区分所有者、居住者との結びつきを強めることをぜひ考えてください。

　一部委託やまったく委託をしない「自主管理」の場合には、もっとたくさんの業務があります。しかし、自主管理といっても組合員が分担して修理をしたり、清掃をしたりするのは、ごく小規模の管理組合だけで、たいていの管理組合は、業者に仕事を発注したり、事務員や清掃員を直接雇ったりしているわけです。そういうところでは、理事長、副理事長、会計担当理事のほかに、修繕、総務・広報、ペット、駐車場、植栽などの担当理事を決め、それぞれの担当部分について責任をもって、計画の立案や必要な業務処理をやってもらうことになります。

　専門委員会　また、必要な分野では専門委員会も設けて、複数の理事が担当することにしたり、理事以外にも専門知識や技術、経験をもつ組合員の協力を得ることも望ましいことです。専門委員会の

設置は、規約に「専門委員会を設置できる」旨の規定をおき、理事会の「諮問」に応ずることや理事会業務の「補助」をおこなうと決めるのがいいと思われます。専門委員会には専門的知識をもった人や理事長の経験者などが入り、理事より長い期間就任するので、独走しがちです。それを避けるために、専門委員会は理事会のもとで、理事会の方針を受けて活動するという点を明確にしておくこと、専門委員会のなかに理事が入るか、理事会担当として理事がかならず会議にでることなども決めておくことが望ましいでしょう。

たとえば広報などのように、編集委員会をつくって実際に広報紙を編集発行する仕事を担うというようなことです。ただ、広報紙は編集担当者にまかせきりではいけません。担当者の趣味で編集され、担当者が代わるたびに広報紙の傾向がかわるようなところも結構多くあります。しかし、建前は管理組合（理事会）の「機関紙」ですから、編集方針は理事会できちんと決め、親睦に力を入れるのももちろんよいのですが、基本はあくまでもマンション管理の問題において、発行前に紙面を理事長が見て責任をもつ体制をとるなどの配慮がどうしても必要です。管理組合の広報紙の内容の基本は総会で確認された方針を堅持して、その内容説明や進行状況の報告などを柱にすることです。それに加えて、そのマンションにかかわるニュースを配置して伝えることです。事前に理事長が見るのは、責任者である理事長が内容に責任をもつためです。

理事はそれぞれ、このような業務を分担しておこなうわけですが、その前にまず、そのマンションでの管理業務はどんなものがあるか、一応全体に通じておく必要があります。そうでないと、たとえば修繕問題でアンケートをおこなうとして、理事会で討議するときに、

意見を言うこともできないということになってしまいます。

　理事長は、こうしたすべての業務のまとめ役、責任者であり、管理組合を代表する役割をもちます。（法人でない場合は）区分所有法上の「管理者」として、区分所有者の委任をうけて管理組合の業務をおこなう責任者であると位置づけられています。法人の場合は、一般に、理事長が管理組合法人を代表する理事として登記されますから、同様に管理組合の責任者となります。
　ただ理事長は、管理組合の代表者、責任者ではありますが、自分一人で判断して動くのではなく、つねに理事会の承認をうけた方針で行動することになっています。ここが会社の社長などと違うところです。独断で動くことなく、その点を心得て業務にあたる必要があります。一人一人の理事も、フロアや棟ごとに輪番で決まるからその代表だという立場ではなく、管理組合全体の立場に立って業務にあたることが求められます。理事長はとくに、総合的な視野で業務にあたることが必要です。

第3節　理事の選び方

　理事の選出については、規約や総会のところでもふれました。ここでは、理事の業務との関係などに関連して、どういう人をどのような形で選ぶかという考え方をのべます。
　高齢化がすすんで、うちのマンションでも理事のなり手がいない、という話はよく聞きます。しかし、理事という仕事をあまりむずかしく考えないことが重要です。前にのべたように、管理会社に業務

を委託している管理組合では、最小限、理事会がどうしてもしなければならないことは、方針の決定と管理会社の業務のチェックですから、かなり限定されます。したがって、よほどのことがなければ、毎日の会社などの勤めをもっている人でもできますし、相当の高齢者でもできます。組合員の方々それぞれの条件、状況を生かして、それに適した理事の仕事を決め、分担をすることが可能です。もちろん、理事は適任者を選べればベストですが、輪番であっても、いろいろな工夫をして運営をしていきましょう。

まず、理事の定数ですが10人などと固定して決めているところが多いですが、8人以上12人以内というふうに決めておいたほうが合理的です。転出などで若干欠けても補欠選挙をするために総会を開かないですみます。また、「細則モデル」では、理事・監事に欠員が生じた場合、規約で「理事会で決める」とすることができるとしています。たしかにそれでも区分所有法に反することはありませんが、理事会の業務をチェックする役の監事を理事会が選ぶというのは適切とはいいがたいことです。理事についてはともかく、監事が欠けた場合には臨時総会を開いて選出すると決めておいたほうが適当でしょう。

定数については、管理会社に「全面委託」している場合や戸数30〜40くらいまでの管理組合では、最低限の3人でもやれます。標準管理規約では10戸に1人ぐらいで、最大でも20人ぐらいという考え方をしめしています。実際500戸も600戸もあるマンションでも、あまり理事が多くなるのは運営上も適切ではなく、20人前後にするのが、業務の内容からいっても、討議のしやすさからいってもいいと思われます。戸数の多いところでは理事が少ないと方針の伝達や組合員の状況掌握ができないということも生じますので、

その対策としては、フロア代表者会議、棟代表者会議のような理事会と総会の中間組織をつくることも一案です。この場合、この代表者会議の性格を決議機関とし、総会の機能の大部分（普通決議の範囲なら可能）を代表者会議のほうへ移すことも規約で決めればできます。区分所有法はそのことを認めています。

　任期は１年よりは２年のほうがいいでしょう。２年の場合は、半数ずつ改選という方法も考えられます。ただし、再選せず全員交代という制度だと、２年任期で半数ずつ改選であってもなかなか業務の継続性はむずかしく、できれば再選を認める規約にして必要な人は４〜５年ぐらいは理事を続けるのが業務の継続性からいえば望ましいでしょう。なお、この任期は１年あるいは２年と決めているところがほとんどですが、実際には総会でつぎの役員が選出されれば交代しており、総会の日によって１年より長かったり、短かったりしています。そこで、「選出されてから次の定例総会まで」というふうに定めておくほうが正確で、そのように決めている管理組合もあります。

　理事の有資格者ですが、あなたの管理組合の規約では、そのマンションに住んでいる区分所有者と狭く限定していませんか。改正前の標準管理規約がそう決めていたため、それが残っているところが多いでしょう。今の標準管理規約では、区分所有者ならどこに住んでいても理事の資格があるというふうに改正されています。役員に就任することは本来「権利」なのですから、どこに住んでいても就任資格があることは当たり前で、これまで制限していたほうがおかしいのです。なかには、マンションのごく近くに住んでいる場合もあります。もちろん、マンション生活の実情を考えれば、遠隔地にいても役員をやるというのは事実上不可能な場合が多いわけで、区

分所有者の居住要件を緩和しただけでは役員不足の解消にはほとんど役立ちません。役員の対象範囲としても、まだ狭いと思います。

　これにたいしては、かなり多くの管理組合が、理事の有資格者に、そのマンションに住んでいれば、区分所有者の配偶者でもよい、親や子ども（1親等）でもよいとしているところや、さらにひろげて2親等（兄弟姉妹、祖父母、孫）以内ならよいとしているところもあります。その人たちは実際にマンションに住んでいるわけですから、区分所有者と同じように活動できます。一日中外で働いている区分所有者本人よりも、一日のほとんどをマンションやその周辺で生活している家族のほうが理事に適任だという場合も多くあると思われます。こういうふうに改正すれば、活動できる条件の人の範囲が相当ひろがるはずです。そうなっていないところは、ぜひ規約改正を検討してみてください。区分所有者でない家族まで役員の範囲をひろげると、不正など事故があったときに責任を取らせることができないから不適切だという見方があるようですが、その見方はあたっていません。だいたい不正などが起こるときは、その区分所有者の住戸などの財産は債権の抵当などに入っており、区分所有者の財産で損害を回復させようとしてもできない場合がほとんどですから、家族は役員にはなれないという理由にはなりません。事故の対応はまったく別の問題です。

　なお、区分所有者が法人の場合、法人は理事にはなりえませんが、輪番制などで理事があたるときにはどうするかの問題があります。仮に法人の職員が住んでいても、そのまま理事の資格者といえるかどうかは不明です。少なくとも、そのマンションにかかわる問題については法人を代表して発言できる立場の人であることを確認して理事になってもらう必要があります（「モデル細則」では、役員に

なることを「法人の職務命令として受けた者」がなれるとしています）。

　管理組合によっては、そのマンションの部屋を借りている人（賃借人）も役員になることができるとしているところもあります。区分所有法上は、これでいけないということはありません。しかし、この場合には管理費の値上げや大規模修繕工事の実施などのさいに、賃貸人（区分所有者）と賃借人との利害関係が不一致になる場合があり、あまり適切ではないと思われます。どうしても役員に入れざるをえないという事情のある場合でも、総数の３分の１以下とするなどの限定が必要です。また、まったくの第三者を役員にする場合も同様の考慮が必要です。

　各管理組合には、それぞれの事情がありますから、輪番や抽選でもやむをえず、それを否定する必要はありません。それでも、できるだけ適任者を探したいものです。それには、管理組合によってはやっているところもありますが、それまでの役員経験者などで、「役員推薦委員会」をつくり、区分所有者のなかでマンション管理にかかわる建築、電気・ガス・水道、植栽などの実務や技術が分かる人、会計のできる人をはじめ、会議の運営などに通じている人、文章の得意な人、人づきあいのいい人、定年で時間のできた人など、いろいろな分野の人を探してきて、役員になってもらえるように頼むことです。そのさいには、はじめにや第１章で書いたような理事の仕事の話をして、役員になることはみんなのためであると同時に自分にもためになるという個人的なメリットのあることを、よく説明することが望まれます。

第4節　理事会の会議の構成、参加者

　理事会といっても、会議に参加をするのは理事だけではなく、いろいろな人が参加をすることがあります。まず、そのことについての見解や考え方をみてみましょう。

　理事が、出席をするのはもちろんです。できるだけ、全員が会議に出席できるのがいいのですが、勤めがあったり、その他の余儀ない用件が発生したりして出席できないこともあります。都合が悪いときは、最低限、欠席の連絡だけはきちんとしましょう。

　監事のことは、これまであまり書きませんでしたが、どうしても欠かせない役員です。規約上では「監事は理事会に出席できる」となっています。これは監事の意思で出てもいいし、出なくてもいいという意味です。こう書いてあるのは監事が独立の職務で、理事長や理事会の指揮下にない仕事ですから、理事会側から「出席せよ」と義務づけるわけにいかないので、こういう条文になっているだけで、一般の組合員からいえば、理事会にきちんと出て、よく監視役を果たしてもらいたいということになります。

　なお、管理組合によっては、前の理事長や副理事長が監事に就任するのが慣例のようになっているところも多くあります。それはそれでよいのですが、あらゆる問題に「先輩」として発言し、会議をリードしようとする場合があり、これは正しくありません。監事の発言範囲は、その職務の性格からいって、おのずから制限があるのです。監事の任務は、理事会や理事の業務が、法律や管理規約、細則や総会の決定事項などに違反したり、そこからそれるおそれがあったりする場合に、警告を発し、違反にならないようにすることです。また、不正があった場合には、それを明らかにし、対応する

ことです。ですから、監事は、方針をどうするかとか、工事にはこの会社とあの会社のどちらがいいかなどという、政策的問題に関しては何かいいたくても発言をつつしむべきです。発言すれば、その業務に責任をもつことになり、チェックしなければならないという監事の職務と矛盾することになります。スポーツにたとえれば、選手でも監督・コーチでもなく、審判的な地位にいるということを忘れてはなりません。もちろん、理事から、以前の理事会ではどのようにしていたかなどという質問があれば、これまでの事実がどうであったかを答えるのは、別にかまいませんが。

　理事の代理として、配偶者などの家族が出席する習慣がある問題についてです。この問題は、リゾートマンションについてですが、「出席も可」との判例がありますので、規約に規定すれば家族もよいという運用がなされ、標準管理規約のコメントにもそうなっています。しかし、私たちは、代理出席はあまり適切でないと判断しています。理由は、そもそも総会では、理事（候補者）は氏名を明確にして、その個人として選出されており、住戸単位で選ばれているわけではないということです。実際の運用としては、代理で「出席」してもらうことは認めてもよいのですが、それは審議を「傍聴」してもらって、審議状況を正確に理事の当人に伝えてもらう目的なのだというのが適切でしょう。代理出席者が欠席している理事はこんな意見を言っていましたということを伝えるぐらいは、まあ許容範囲ですが、採決への参加はできないということは明確にしておいたほうがいいでしょう。

　また、ほかの理事に議決を委任することも不適当で、認めないほうがよいと考えられます。それは、理事会の会議は十分に出席者が意見を交換したうえで結論を出すという性格の会議であって、その

会議に参加しない人がほかの人の意見も知らないで、最初から表明した固定的な意見が採決結果を左右することは望ましくないからです。

　持ち回り決裁をやっている理事会もあると思われます。これもあまり望ましくはありません。しかし、リフォームの認可など単純な案件で決裁の形がどうしても一定期限内に結論を出すことが必要なものがありますから、便宜的にはありえます。その後に開かれる理事会で必ず追認することという条件で、認めてもいいのではないでしょうか。

　ここまでが、規約にも決まっている正規の出席者にかかわる点です。

　次に、規約などではあまり出てきませんが、実際には、ほかにも理事会に出席する人たちがいます。いちばん多いのは、管理会社の社員、ふつうフロントマンといわれる、管理会社でそのマンション管理組合を担当している人が出席します。かなり多くの管理（業務）委託契約書で「総会、理事会の支援業務」が入っており、その場合、大抵は「議事録案の作成」ということもふくまれています。そこで、フロントマンが理事会会議の全日程に参加することになります。契約もありますから、管理会社からの出席はダメということも言いにくいのですが、私たちは、できれば次の契約のときは、管理組合が「議事録案の作成」を断って、自力で作成するようにすべきだと考えています。理事会の議事録は、基本的には決定事項の内容と主要な報告の項目があれば、最低限満たされていると考えられますから、むずかしいことはありません。なかには、議事録が間違っているから直してくれといっても直さない管理会社もあると聞きます。管理会社が委託を受けている業務は「議事録案の作成」で、あ

くまで「案」ですから、最終的に議事録が確定するのは、理事長と出席の理事のだれかが署名をしてからです。規約には、議事録には議長（理事長）と議事録署名人の理事が署名するとあるはずです。作成権限は理事会のほうにありますから、「直してくれ」と頼む必要などはなく、理事会側で勝手に直してしまえばいいのです。

　理事会へのフロントマンの出席も、管理会社からは必要な時間帯だけ出席してもらって、全日程への出席は断るようにするのが筋です。なぜかといいますと、理事会では極端な場合は「管理会社を替えたい」ということを検討しなければならない事態になるかもしれません。そこまでいかなくても「あのフロントマンは困る」とか「あの管理員だけは替えてほしい」などの話や、フロントマンの前ではいいにくい管理会社の業務への苦情などもあるでしょう。管理会社に直接関係のない議題でも、フロントマンに聞いてほしくない管理組合の内情、各人のプライバシーというものもありえます。たとえば、次期理事長の適任者がだれかなどを相談する場合などは、管理会社の人に知ってもらいたくない候補者のプライバシーがあるかもしれません。マンションごとにいろいろな条件があるので、いちがいにはいえませんが、よく検討してみてください。

　それから、組合員のなかの理事でない人たちの出席の可否があります。専門委員長や委員会のメンバー、あるいは旧役員で顧問とか相談役などをお願いしている人たちの出席です。この場合は、理事会の判断で、必要な関連議題を討議するときだけ、出席してもらうのがよいと思われます。前や元の理事長とかで顧問役になっている人が、理事会の全日程に参加するという管理組合もあります。黙って討議を聞いてくれているかぎりはそれほど弊害もないのですが、ことあるごとに口を出す人もいて、困っているという話もあります。

やはり現役の理事長、理事が中心で、のびのび仕事ができるのが本来のあり方ですから、全日程出席はご遠慮願ったほうがよいでしょう。そもそも相談役とか顧問とかいう人は、特別の問題がある場合は別として、一般的には現在の理事会側から相談を持ちかけられてはじめて、それに対応して意見をのべる程度が本来のあり方です。

　最後に、一般に組合員の傍聴者を認めるかどうかという問題です。この扱いには両論あります。実際にＮＰＯ日住協に加入している管理組合での実施状況をみても、まちまちです。そこで、ここでは結論を出さずに、それぞれの管理組合で、関係者の納得できる形で決めてくださいとしておきます。認める考え方は、理事会は組合員にすべてを公開する、何ら隠すことはないという立場です。認めない考え方は、滞納その他組合員のプライバシーにかかわる報告や議題があり、そこまでは公開できないというものです。どちらもなるほどという面があります。そこで、「原則公開」と決める場合も、「原則禁止」と決める場合も、例外を設けて、前者では「プライバシー問題などを討議するときには禁止することがある」、後者では、「今後の政策や方針を討議するとき、組合員から希望があれば、公開することができる」などと決めておくあたりが、落ち着きどころではないかと思われます。

第5節　理事会会議の運営、具体的進行

　会議招集　会議は理事長が招集します。月1回第〇土曜日の朝10時とか金曜日の夜7時など定例日を決めておくとよいと思います。そして定例日が決まっていても、招集通知は文書で必ず出すよ

うにしましょう。監事にも会議の通知は必ず出さなければなりません。理事長が会議をやらないなどの事態があれば、理事の3分の1以上（何分の1かは、規約で決めればいい）などの請求で理事長に会議を開かせることができます。それでも理事長が会議を開かなければ、招集を請求した理事が会議を開くことができるように規約で決めます。これらの手続きは標準管理規約の場合、総会招集請求の手続きを準用するとなっていて、期限が4週間以内などと間隔が長すぎますので、規約で理事会の場合の規定をきちんと設けたほうがいいでしょう。

　会議の成立要件ですが、標準管理規約に合わせて「半数以上」となっている管理組合が多いと思います。規約上は一応それでもよいと思われますが、実際にはできるだけ全員に近い理事が出席できるときに会議を開くように努力してください。

　議題は、招集のさいに明示します。そのさいに、副理事長や会計担当理事などと事前に相談しておくことも有効です。また、各業務の担当理事が決まっているところなどでは、理事からの議題の提出を推奨することも望ましいことです。そうすれば一般の理事が受け身ではなく、積極的に理事会全体のことを考えるきっかけにもなります。

　ただ、人数があまり多くありませんから、全員が出席していて、かつ、全員から了承があれば、その場で議題を追加することはあってもかまいません。

　会議の議長　議長は、理事長がおこなうのが普通です。理事会は、あまり多人数にはならないので、理事長以外に別に議長を立てるほどのことはないと思われます。5～6人までぐらいなら、挙手して議長が指名ののち発言というような正式なことでなく、指名せずと

も発言者が自然に交代していく議論ができると思います。もちろん、議論が紛糾するなどの場合は、正式に議長を決めて、発言を整理しながら、運営をしたほうがいいでしょう。なお、理事長が議長となると、どうしても初めから提案説明、質問への回答など全部を受け持って会議をリードするということになりやすいので、別に議長を立てることを通例にするのもありうると思います。ほんとうは、理事長としては、議案もそれぞれの部門の担当理事から出してもらい、できるだけ最初からは発言せず、多くの理事の発言を聞いたうえで、全体の傾向を反映するような結論を出すことが、会議の民主的な運営という観点からも望ましいのです。

議事の内容　議事の最初は、業務の進行状況の報告です。前回理事会の決定事項について、この１カ月間にどのように業務がすすんだかすすまなかったかを、点検することになります。理事長の報告、各理事（専門委員会）の報告と管理会社の報告がおこなわれます。業務の進行状況だけでなく、マンション内に起こった事故や競売などの事件、組合員の移動なども報告されるはずです。

　月次の決算報告もかならずしなければなりません。これは会計担当理事がおこなうのが本来ですが、多くの場合、管理会社の担当者からおこなわれると思います。会計にかんしては、監事の報告も毎月おこなっているところもあります。なお、滞納の処理は一定期間をすぎれば管理会社は扱わず、管理組合（理事会）のほうへ移管になる契約になっています。理事会としては大変だという方も多いかと思われますが、滞納処理は本来管理組合側の仕事であり、場合によっては簡易裁判所などに法的手続きをとることも必要ですが、いずれにしても理事会の仕事にふくまれることを承知しておいてください。

あとは、業務の発注や、組合員のリフォーム許可申請の承認など、理事会で承認したり、追認したりする必要のある事項があります。

　報告としては、前回理事会以後、外部の集まりや研修会、見学会などに参加した場合には、簡単でも理事会に内容を伝えておく必要があります。関連する議題があればその時でもいいのですが、できれば簡単な文書報告を事前にだしておくこと、全理事に知っておいてほしい資料があれば、コピーするか回覧するかして、見てもらっておくこともいいと思われます。

　また、標準管理規約には「収支決算案、事業報告案、収支予算案及び事業計画案」「規約及び使用細則等の制定、変更又は廃止に関する案」「長期修繕計画の作成又は変更に関する案」「その他の総会提出議案」と４項目にわたって、総会に提出し、承認を受ける「案」を決議することが定められています。これをみて分かるように、理事会の決議事項には、事業計画や、予算決算、規約改正など総会への提案事項を検討することが相当の位置を占めています。これらは、通常は総会の３～４カ月前には正式議題で討議することになりますが、それ以前にも建物の状況の検討や、マンションの将来の展望や新規の業務について、時間をかけて自由に討議する機会を設けることが望ましいと思われます。

　なお、討議にあたっては、各理事は組合員全体の代表であってそれぞれのフロアや棟の代表ではないこと、役職にかかわらず理事としてはまったく平等だということの２点が重要です。理事はひろく、管理組合全体としての立場に立ってものを考えないと、どうしても意見が狭く偏ったものになりがちです。また、担当した分野のことだけで他の分野のことはその担当に任せておけばいいという態度では、討議も活発にならず、せっかく理事会で多くの人の意見を反映

するようにという会議の目的が果たせません。

　討議で原案に反対意見が出ることを嫌う人も多いのですが、実は逆で、歓迎すべきことです。多様な意見が出て、それぞれに賛成の意見も反対の意見ものべられ、いろいろな角度から議案が検討され、改正案や第三案などが出て、もともとの議案をよりよく練り上げるというのが、本来の討議の目的だからです。

　議案の採決　審議は、結論を明確にして終わることが重要です。議論の具合でだいたい全員が議案に同意している場合には、「提案どおり決めます」と議長が言って、終了すればよいでしょう。あえて賛成の挙手を求めなくてもかまいません。しかし実際には「決めます」「決定しました」などの言葉がないまま、「次の議題に行きます」となってしまう場合が多いのです。かならず「決定した」とか「継続審議にします」とかのケジメをつけてから次へ進むよう気をつけたいものです。

　理事の全員が納得して結論が出るのが最も望ましいのですが、反対意見があったり、議案内容に疑問が出ている場合はきちんと採決をする必要があります。ただ、反対意見が半数にかなり近いほど多かったり、強い疑問があったりする場合には継続審議とし、次回に継続してさらに討議を深めるなどの考慮をしたほうがいい場合もあると思われます。少なくとも可否いずれにせよ採決をするのは当然だと大方の理事が思うような状態になって、はじめて採決になるのが望ましいことです。

　なお、標準管理規約では理事の半数以上の出席のうえで過半数の賛成があれば可決となっていますが、管理組合によっては、３分の２以上の賛成が必要などとしているところもあります。できるだけ多数の理事の納得を得て運営するという見地からすれば、後者のほ

うが理事会の安定的な運営のためにはよいでしょう。

　議事録の作成　会議が終われば議事録の作成です。理事会ですから、決まればすぐ執行にかからなければならない業務もあります。ですから、できるだけ早く議事録はつくりたいものです。一般的には、総務担当の理事が原案を作成するか理事長が直接作成するかが考えられます。理事以外に事務局員がいれば、その人に作成を依頼する場合もあります。いずれにしても1週間以内には作成し、必要な議事録署名人の署名を経て、全理事・監事に配布しましょう。

　内容としては、決定事項が正確に書かれていれば最低限の議事録としての条件は満たされています。ですが、組合員からみれば、ある程度は論議の様子が分かったほうがいいということも言えます。反対意見があって討論になった議題や、議案の内容がよく分かるようになる質疑の様子などは、その部分を記載しておいたほうがよいでしょう。しかし、組合員や理事のプライバシーにかかわる部分もあるので、国会や地方議会のような逐語的な議事録は不要です。

　なお、標準管理委託契約書では、管理会社に委託する業務として「議事録案の作成」というのがありますが、あくまでも「案」です。内容が不適当であったり間違っていたりして修正を求めても、「これでいい」と修正を拒否する管理会社があるそうです。しかし、管理会社に契約で求めているのは「案」の作成ですから、できあがってきた文書の修正を管理会社に求める必要はありません。議長や議事録署名人の判断で訂正すべきものは訂正するなどして、署名し、正式の議事録を作成すればいいだけのことです。

　議事録の公開　できあがった議事録そのものを掲示や広報紙への掲載で組合員に伝達することは望ましいことです。広報紙の場合は、議事録という硬いままでなく、重要な事項は説明もつけて読みやす

く理事会のお知らせの形にするのもいいでしょう。

　議事録の閲覧は、規約にも規定があるはずです。組合員や利害関係者という有資格者から要請があったときに対応できるようにしておかなければなりません。なお、規約や総会議事録は区分所有法にも公開が義務づけられているほか、理事会議事録、決算書類、それに組合員名簿などを、必要な場合に閲覧資格のある人には公開すべきことは規約で規定されていると思われます。

　区分所有者の名簿などプライバシーに関係するものをなぜ見せなければならないのかと思う方もおられるでしょう。しかし、たとえば区分所有法にも規定があるように、区分所有者の５分の１以上（規約で規定すれば、この数を８分の１などに減らすことができる）が求めれば、総会を招集することができます。理事会と意見が違う区分所有者がその準備をするには、だれが区分所有者かを知らなければなりませんから、名簿を見せる必要があるのです。そんなことをしなくても住戸を１戸ずつあたればいいではないかと思われるかもしれませんが、リゾートマンションなどではそうはいきません。リゾートマンションの場合、区分所有者の住所をふくめて名簿を閲覧させよという判決の例もあります。なお、閲覧時間を制限するなどはしてもかまいませんが、資格があると思われる人にたいしては、コピー（有料）などの便宜をはかることも当然すべきです。

第６節　理事間の意見の違いの扱いや理事会の運営上のトラブルについて

　一般に、理事間の意見の違いということもけっこうあります。そ

ういう場合の業務の実行や総会での態度表明の仕方などについてどうすればいいでしょうか。

　まず、理事の間に、選出される前から管理組合の運営方針についての考え方の違いがある場合もあります。たくさんの方が住んでいますから、意見の違いがあるのは当然で、不思議なことでも不都合なことでもありません。順番でそれぞれの意見など関係なく選ばれることもありますし、意見の違いを明確にしながら選挙で両方の立場の人が何人かずつ選ばれることもありえます。

　そういう場合の業務の実行についてですが、理事の業務には総会の決定事項、理事会の決定事項を執行する任務がありますから、総会の決定事項はその理事の総会での賛否の態度に関係なく、決定どおり実行しなければならないのは当然のことです。総会の決定にもとづいて細部は理事会で決めて実行することになります。この場合も、理事会で実施の細目を決めれば、各理事は決定のさいの賛否にかかわらず原則として一体となって実行する義務があります。

　これは実行すべき個々の業務の問題です。ところで理事会には総会への提案事項を決めるという課題もあります。年間業務方針案や予算案、あるいは規約や細則の改正案、工事の実施案など、総会前に提案事項を理事会で決めます。この場合、理事会で全員一致すれば問題はありませんが、反対があった場合はどう扱うべきなのでしょうか。理事は一致した態度で総会に臨むべきだ、総会で意見を言いたいのなら辞任したうえで発言すべきだ、というふうに考えられる方も多いと思いますが、そうではないと考えます。まず、総会への提案である「〇〇案」は、提案であって決定ではないのです。

　上に記したように、理事は総会の「決定」に従って、それを執行する義務があるのであって、「案」に賛成する義務はありません。

総会で賛成多数となったときにはじめて「決定」となるわけです。そもそも理事は、選出の段階から管理組合の運営についてそれぞれ違った意見をもっている場合もあり、就任したあと議案ごとにいろいろと意見の相違ができてくることもありえます。その場合には、理事会で少数であっても総会では多数になるよう訴える権利はあると思います。ですから、決まるまでの一区分所有者としての発言の自由はあるというのが妥当だと思われます。だいたい、理事会の議事録も区分所有者に閲覧権があり、個々の理事が理事会でどういう意見であったかは公開されています。なかには、理事会の傍聴が自由にできる管理組合もあります。

　運営方針に組合員間に意見の違いがあるときは、極端な場合、双方からビラが出されたりすることもあります。驚くべきことに管理会社が区分所有者を名誉棄損で訴えた例さえあります（管理会社が敗訴しましたが）。もちろん誹謗中傷や人格攻撃は許されませんが、方針そのものの論議のためであれば、いろいろな方法で意見が交わされること自体は否定することはないと思われます。総会以外に意見聴取の機会を設けたり、広報紙の紙上で双方の意見を発表してもらうなどの方法もありうるでしょう。ともかく最終的に総会で正式に方針が決まるまでは、違う意見をいう自由はあるわけです。ですから総会での理事の議案への賛否も、一区分所有者としての見解にしたがっておこなって構わないわけです。理事は全議案に賛成せよというわけにはいきません。いうならば、理事は総会で決まったら、決まったとおりに業務を執行せよ、ということです。

　こういう次第ですから、総会での理事の選出にあたっては、この意見の理事は支持するがそれに反対意見の人は理事になってほしくないという場合が生じます。そのため、前に規約の章でものべまし

たように、理事の選出は、一括して採決せずに、個々の理事ごとに信任投票をするというのがほんとうは適切だということになります。

　また、理事間の意見の違いというのとは少し違いますが、個人的な理事間の対立もあります。役員になる前から、反目し合っていたなどというケースもあり、解決方法は一様ではありません。しかし、一般的にいって、管理組合運営の考え方や具体的方針で対立することはしばしばあります。意見の対立はありうることで、悪いことではありません。むしろ、違う意見があったほうが、政策の内容を充実させるうえで役立つという面もあります。心得ておくべきは、方針のうえでの意見の対立を人間的対立にしないことです。前から反目している場合はやっかいですが、理事会の業務にかんしては、仕事だと割り切って、日常の反目関係は棚上げしてつきあうことが求められます。

　理事会の運営でいちばん困るのは、理事長が「ワンマンぶり」を発揮しているときです。そういう理事長は一定の能力があり、たいていは仕事もしますから、ほかの理事は口を出さないほうがうまくいくと考え、黙って１年間我慢しようということになりがちです。任期１年で全員交代する理事会は、翌年になれば理事長も変わるので、それでもまだいいのですが、再選可となっておれば、いつまでも「ワンマン体制」がつづくわけです。

　そうした場合どうするかですが、理事が立ちあがるつもりにならなければ、どうにもなりません。自分たちで改善に乗り出す決意をしてください。管理組合員のためにならない勝手なことばりしている理事長なら、理事がだまって放っておくことは、組合員の利益に反することになります。理事が責任を果たしていないことにもなり

ます。理事会の会議で直接批判をすることが必要です。それでもまったく改めようとしない場合には、組合員の利益のために、不信任案を提出して可決し、やめてもらうしかないことになります。

COLUMN

「会議としての理事会運営のあり方」

　総会は管理組合にとって最も重要な集会であるが、一般にはそれは年に一回のものであるとともに、その成功は何よりも通年の理事会活動にかかってくるものである。その意味では、管理組合活動の質を左右するのは、日常の理事会活動ということになる。

　理事会活動は、総会で選任された理事で「理事会」を構成し、理事長・副理事長・会計などの業務担当を決め、各種の業務を分担して担っていくのであるが、その単純総和が理事会活動というものではない。理事会活動の最も核心になるものは理事会会議である。理事会活動は、様々な業務を理事が分担して遂行していくのであるが、それは「理事会としての一体性」においてなされなくてはならない。その「理事会としての一体性」を体現するものこそ、定期的に開催される理事会という会議である。

　理事会という会議は、全理事が理事という対等性において成り立っている。そこでは理事長も一人の理事でしかない。それは規約からも明らかである。標準管理規約でも、「理事長は理事会の互選で選出」するとなっているし、「区分所有法」上の管理者として位置づけられている理事長の管理者としての活動も基本的には「理事会の承認を経て」となっている。つまり、管理者である理事長も独自で管理ができないのである。これが、「理事会・理事長」管理という管理方式の特徴である。

　このことは、理事会会議においては、理事は自らの担当業務だけではなく、他の理事の担当業務をも含めた理事会活動全般について率直で忌憚のない意見を述べる権利と義務があるということである。こうした討論のなかから、理事会としての「合意」を獲得していくことが理事会会議の目的なのである。もちろん、「合意」といっても必ずしも「全理事の一致」ということを意味するのではなく、議論をしても見解が分かれる場合には多数決という方法も必要となるであろう。故に、規約で理事会の議決要件を定めているのである（多くは「出席理事の過半数の賛成」）。この場合、反対した理事も理事である限り、議決事項を尊重して理事活動を行う義務がある。

　以上が、理事会活動の分担と一体性の基本理解であるが、最後に理事でないが理事会活動に独特の立場で関わる監事の役割についてのべておきたい。規約で「監事は理事会に出席して意見を述べることができる」となっているが、その含意をどう捉えるかである。監事の役割は、理事（理事会）の活動が法や規約さらには総会方針（集会決議）等に違反していないかを監督するということであるので、そうでない政策議論には、むやみやたらに関与しないという姿勢が肝要である。

第5章

大規模修繕

みなさんがお住まいのマンションは、造り方の違いはあっても、コンクリート造りの建物です。ですから、相当長持ちするはずだ、少なくとも数十年は、なにをしなくてもほとんどそのままでもつのではないか、とお思いの方も多いのではないでしょうか。じつは、そうはいかないのです。

　マンションであっても、入居直後から雨漏りがするなどの、いわゆる初期の不具合は結構あります。なかには、設計や建設工事そのものに問題があって法定の耐震強度がないなど、最初から建物に欠陥があるというようなケースもときどきニュースになっています。

　そうでなくても、建ててから十数年経てば、それなりに問題点が出てきて、かなり大規模な補修が必要となってきます。

　マンション管理の立場から、ふつう外壁を中心とする建物の補修を「大規模修繕工事」と呼んでいます。これは見た目には塗装を新しくするだけのようにみえますが、本質的には塗装の問題ではありません。建物を成り立たせているコンクリートの躯体の劣化状況を調べ、劣化防止のための補修をすることです。外壁だけでなく、屋上についても同様に対象になります。さらに電気、ガス、水道などのいろいろな設備、配線や配管も同様、大規模工事の対象になります。工事としては、とくに給排水管の取り替え（更新）や補修（更生）が、いちばん大規模になります。

　これらの補修が、マンション管理のうえでは、「大規模修繕工事」といわれて、管理組合にとっての基本的な仕事の一つになっているわけです。

　日本ではマンションの寿命は数十年といわれ、30年、40年で建替えが相当おこなわれています。コンクリート建物の法定の減価償却期間は47年（以前は60年でした）になっています。しかし、こ

れは物理的な建物の寿命ではなく、会社などの経理上、税務上で経費として落とすさいの基準です。建物自身の寿命は建築学会でも60年以上をメドにしています。実際にはもっと長い建物はたくさんあります。関東大震災後につくられた同潤会の建物はほとんど大規模な修繕をしなかったのに、70〜80年後の建て替えまで寿命がありました。ヨーロッパなどでは、100年をはるかに超える現役建物がいくらもあります。ドイツには世界遺産として、100年近い歴史をもつマンション群が指定されています。わが国でも100年マンションという言葉があり、技術的には100年もたせることは十分可能だといわれています。管理組合のなかには、わがマンションは100年もたせるのだと宣言して維持保全につとめているところもあります。

　そういうこともあって、最近は費用のことや環境問題への配慮などもあって、マンションは建替えよりも再生に重点をおいて、何とか建物を長持ちさせようという主張がだんだん強くなってきています。ですから大規模修繕工事もいっそう重要な意義を持ってきているといえるでしょう。

　大規模修繕工事は、マンションの建物を長持ちさせるにはかならずやらなければならないことです。ここでは、そのための日常的準備から、直前の対応、事後の処理まで、管理組合が管理運営上でやるべきことに焦点をしぼって、考えていきたいと思います。

　この本はマンションの管理組合運営が主題ですので、建設工事や修繕工事の技術的内容には、できるだけ立ち入らないで、そこは関係の専門書にゆずることにします。管理組合（理事会）の管理の問題という観点で、大規模修繕工事を工事会社に発注し、工事が開始

されるまでの準備段階に、管理組合としておこなう活動とは何かという問題を中心に検討していきたいと思います。

第1節　長期修繕計画と修繕積立金

　まず、工事の準備以前の問題です。あなたの管理組合の長期修繕計画はどうなっていますか。入居がはじまってまだ数年しかたっていないマンションでは、よほど欠陥の多い建物でなければ、多額の費用を要する工事は、当面はほとんどありません。

　いまは、分譲にさいしてその建物の長期修繕計画（30年間に修繕が必要な個所、修繕時期、概算費用などを一覧表にしたもの）をつくるように、国土交通省から分譲業者にたいして指導されています。管理規約をみれば、総会で決定する事項のなかにかならず「長期修繕計画」があげられています。したがって、どの管理組合でも一応の計画はあると思われます。

　この計画は、建物の外壁、屋上、ベランダやその他の共用部分、電気、ガス、水道などのいろいろな設備、配線や配管、管理事務室や集会室、駐車場や植木などの植栽類などなど、考えられるあらゆる共用部分について、必要な修理の周期（予定時期）、費用を一覧表にしたものです。この「あらゆる共用部分」というのが非常に重要で、大きな費用を要する共用部分を落としてしまうと、実際に工事をする場合に、特別に費用を徴収する必要があったりして、大変なことになります。たとえば窓サッシの交換などが抜けているケースがよくあります。

　この時期の計画はごく大まかな一枚の表のようなものかもしれま

せんが、新しいマンションでは、とりあえずそれでも出発点になります。なぜなら、それにもとづいてすぐ工事をするわけではなく、この段階でいちばん大切なのは修繕積立金を将来のために用意しておくことだからです。もちろん、長期修繕計画は５～６年に１回は見直しをしたほうがいいですから、機会をみて専門家による本格的な長期修繕計画を作成することがよく、そうすれば管理組合としても将来に向かって確かな見通しを持つことになります。

大規模修繕では１戸あたり数十万円から、場合によってはさらに多額の費用を必要としますから、安心して工事をするには最初から毎月毎月その費用を積み立てておかなければなりません。

長期修繕計画には工事にどのくらいの費用を要するかが概算で入っていますから、最初の大規模修繕工事に必要な金額が、いまの毎月の修繕積立金の積立てで賄えるかどうか、ということが問題なのです。外壁補修を中心とした工事で、一般に建築後12～15年が適切な時期だとみなされています。その時期に不足が見込まれるのであれば、早急に総会で修繕積立金の積み増しを合意しなければなりません。

いまではそういう管理組合はだいぶ少なくなりましたが、十数年前までは修繕積立金は管理費の１割などというところが多くありました。大ざっぱにいうとヒトケタ少ないのですが、分譲業者が売りやすいということでこんな非常識なことがまかりとおったのです。

最近のマンションでは、集めやすいということで分譲当初に「修繕積立基金」という名目で数十万円のお金を出させるようになっているところが非常に多くなっています。初めは修繕などほとんど必要ないのに、それだけのお金があるから安心だというふうに思われるかもしれませんが、それでは長期修繕計画に見合う資金は賄いき

れません。基金は、突発的な事故などがあったときのためには、確かに安心ですが、将来の定期的に必要になる大規模修繕のためにはかならず毎月積立てをしていかなければなりません。

いま毎月集めている修繕積立金が、長期修繕計画で必要とされる金額に見合っているかどうかをすぐ調べてください。見合っていなければ、修繕積立金の引き上げを区分所有者のあいだでどう合意していくか、早速検討に入らなければなりません。

第2節　組合員の合意形成

大規模修繕工事をおこなうことについて、組合員の合意を形成することは、きわめて重要です。

最初に大規模修繕工事に着手することを決めてから工事が終了するまで2～3年はかかります。一般的にいうと、その間に通常総会だけで2～3回はあることになりますから、3回ぐらいは総会にかかることになります。さらに、臨時総会をひらく必要が生じるかもしれません。

総会として問題をはじめて取り上げるのは、工事の準備に着手する方針の決定で、修繕委員会が常設されていないところでは、このときに同時に修繕委員会を設置することを決めることになります。

その後は、アンケートの機会などもありますが、できるだけ詳細に組合員への広報で、経過報告をつづけることです。

大規模修繕のやり方として「設計監理方式」と「責任施工方式」があり、「設計監理方式」とは、設計と現場監理を第三者の立場にたつ設計事務所にゆだねるものです。「責任施工方式」は、施工会

社を全面的に信頼して、工事責任をゆだねる方式です。最近では、設計監理方式をとるところが多くなっていますが、責任施工でやっているところもあります。いずれを採用するにしても慎重に検討して、各管理組合の実情にあった選択をすることです。

　次の総会の機会は、建築設計事務所を決めるさいで、予算のこともふくめて承認することになるでしょう。

　設計事務所と、設計事務所が計画した主な工事内容と、工事概算金額に予備費をふくめた金額について、まず総会で承認を受けます。

　そのうえで、さらにアンケートや説明会を実施して、工事詳細内容の工事仕様書作成と工事金額の計算をし、ホームページやＮＰＯ日住協の広報紙（「アメニティ」）、あるいは業界紙などによる公募で見積参加業者に見積りを依頼します。参加業者が多数にのぼった場合には、書類による内部選考で数社にしぼります。その数社について、ヒアリングを含め、再度選考をおこない、理事会で工事業者を内定します。それをうけて、組合員に工事実施への合意をえるとともに、内定した施工業者と請負金額などについて、組合員の承認をうける総会をおこないます。いずれにしても、組合員１戸あたり少なくとも数十万円を要する管理組合の大事業ですから、組合員の合意は、念には念を入れておこなうことが求められます。

第３節　修繕委員会をつくる

　マンションの建物の本体は、専有部分と共用部分とに分かれます。しかし、それは法的にみた場合のことであって、建築構造的にみれば一体です。ですから、建物のいたみ具合などの状況は、専有部分

の持ち主である区分所有者（居住者）がいちばんよく分かります。そういう点で、組合員が直接かかわることがたいへん重要なのです。

　そこで、建物の維持管理にかんする日常的活動としていちばん最初におすすめしたいのは、理事会のもとに常設の組織として修繕委員会をつくることです。常設の委員会がない場合には、先ほどものべたように工事実施の２～３年前に修繕委員会の設置をしてください。管理会社に「全面的に」業務を委託している場合も、このことは必要です。

　修繕委員会というと、マンション管理の解説書はどの本でも、居住者のうちから専門的知識をもつ人を公募して、１年でなく一定の長期のあいだ委員をやってもらうのがよいとしています。その理由は、理事は１年で交代するが、修繕委員は何年かつづけて、経験を蓄積することが必要だからだと書いてあります。

　しかし、この理由のところについては、私どもの考えは少し違います。修繕委員会だけに経験が蓄積されるのでは、修繕委員会だけが強くなってしまって、管理組合のいちばん中心である理事会が全体をリードできなくなります。管理組合としては、修繕のみならず、あらゆる活動に継続性をもたせて、活動の経験が組織としての管理組合に蓄積されていくことが求められるのです。ですから、修繕委員会の活動の経験が、特定の修繕委員の頭のなかだけに残るのではなく、きちんと記録に残して、管理組合、理事会としての組織に経験として残ることが重要なのです。また第２章でものべましたように、理事会も同じように継続性が必要だという考えで、１年交代でなく何年か続けてやる人をつくることが必要です。

　どういうメンバーで修繕委員会を構成するかということですが、できれば理事会の誰かが責任者となることがよいと思われます。修

繕委員会の性格は普通、諮問委員会といわれていますが、実際には諮問を受けて見解を表明するだけでなく、マンション内外で調査をおこなったり、設計監理業者や施工会社と一定の折衝をおこなったりする場合が多く、理事会の業務補助組織の性格も持っています。委員は、通常、組合員から公募し、理事会で適任者を任命することになります。その工事にかかわる専門家がいれば、入ってもらうのがもちろん望ましいのですが、素人である組合員も入って、素朴な疑問が出せるような運営にすることがよいでしょう。また、組合員、非組合員を問わず、女性のメンバーに参加してもらう必要もあります。なにしろ区分所有者が住んでいる場所なのですから、そういう生活感をもった人たちが納得できるような工事でなければ、実際に役立つものにはならないからです。逆に、専門知識をもっている人といえどもその専門分野が限られている場合も多く、また専門家が多いと、専門家同士の論争で収拾がつかなくなることもあります。

第4節　大規模工事の直接準備

基礎知識を学ぶ

　修繕委員会ができたら最初にすることはなにでしょう。それは、予定している工事、たとえば外壁塗装工事をやるなら、それについての基礎知識を委員会の共通のものにすることです。修繕委員やマンション居住者のなかに専門知識をもっている人がいれば、その人に解説してもらうことです。専門家にしたらいまさらと思うかもしれませんが、違います。自分自身の理解を確認し、だれにでも分かるように説明できることは重要なことです。よく分かっていないと、

専門用語をできるだけつかわずに素人に理解してもらうように説明をすることはできないのです。最終的に総会で組合員の合意形成をはかることがどうしても必要ですから、そのための準備にもなります。また、建築関係の技術は、日進月歩ですから、新しい技術がどうなっているかを調べる機会にもなります。専門家のいないところでは、とりあえず専門の書籍などで大略を知ることがいいでしょう。また、今はインターネットで調べれば、ごく大まかなところは分かります。さらに、ＮＰＯ日住協など管理組合団体などがやっている相談会へ行って質問をすることや、各地で催している工事見学会を修繕委員がそろって見にいくこともたいへん役に立ちます。

劣化調査をおこなう

そうして一定の予備知識をもったら、とりあえずマンションの簡単な劣化調査をやります。全戸にアンケートを出し、コンクリートのひび割れや水漏れ跡はないか、タイルのはがれや浮きはないか、ベランダはどうかなどを尋ねることです。これで住戸の外側からだけでなく、内側から点検ができることになります。この調査は重要ですから、できるだけ全戸の回収を目指して、賃貸住戸の住人にも協力をおねがいしましょう。

調査結果が集まったら、目立つ劣化個所を修繕委員で見てまわります。そのほかに外壁全般も見ておきます。これらは「目視調査」といって、ただ見るだけですが、それでも問題が多いマンションでは、劣化の状況を感じることができます。こうした準備について、「はじめから専門家に任せればいいではないか、ムダだ」と思う人もいるかもしれません。しかし、この調査がないと管理会社や工事会社がここも直せ、この修理が必要だといってきたときに、判

断ができません。とくに管理会社が修繕にからんだりすると、管理組合の財政状況、積立金の額から組合員の管理への関心状況までよく知っていますから、負担力に見合って余分な工事までさせられる心配もあります。

工事方式を決める

　こうした準備のうえで、まず、マンションの劣化状況を正確につかみ、どこをどのように工事の対象にするかという設計・仕様を担うことと、工事の場合の工事会社の作業を監理する設計監理業者を選ぶことになります。

　管理会社に委託管理している管理組合では、大規模修繕工事は当然のように管理会社の関係する建設会社がおこなうものとしているところがあります。管理組合が依頼もしないのに、管理会社が工事計画をもってきたり、はなはだしきは見積りまでもってくる場合があります。しかし、管理会社はもともとそのマンションを建てた建設会社（ゼネコン）の関連会社ですから、当初の建物建設のさいの瑕疵で本来建設会社が自費で直さなければならない部分まで修繕工事にふくめてしまい、その事実が隠されたりする危険があります。

　多くの大手管理会社は、修繕工事の支援もできることを売り物にして広告しています。しかし、そういう競争のない状態で発注することは、工事金額が高いだけでなく、管理組合の積立金の額次第で必要もない工事をさせられたり、上記のように当初建築の瑕疵部分の補修まで工事費に上乗せされたりすることになります。その結果、区分所有者に不利になるわけですから、用心が肝心です。

　第2節でのべたように、工事をおこなうには、工事業者に直接発注する責任施工方式と、建築事務所などを設計監理業者として工事

を実際に現場で見て適正な工事内容か工事のモレはないかなどをチェックする「監理」を専門家におこなってもらう設計監理方式とがあります。最近では設計監理方式の利点が認められて増加してきていますが、依然として責任施工方式が多数を占めています。これは、当初建物を建設したゼネコン系統の管理会社が管理を受託しており、今度は管理会社がリードし、みずからがコンサルタント役となって、その同じ系統の建設会社に修繕工事を発注させるという方式になっているからです。

　責任施工方式でも専門家が現場で工事の監督やチェックをすることは同じなのですが、担当するのが工事会社の人間ですから、管理組合側にいちいちチェック結果を報告したりする義務はありません。ですから責任施工方式では、一般に管理組合は工事の内容の詳細が掌握できず、また実際の工事は始まった段階でもチェックの方法がむずかしく、あまりおすすめできません。ただし、管理組合のなかにその工事について特別に詳しい人がいる場合などで、工事内容の指示や監理ができる条件があるときなど、例外のケースがあることはもちろんです。

　私どもは一般に、管理組合にとっては、責任施工方式でなく、設計監理方式のほうがはるかに望ましいと考えています。このため、ＮＰＯ日住協では『マンション大規模修繕　設計監理方式の導入　コンサルタント選定マニュアル』という冊子を発行（2010年12月）しています。

　以下、それにそって要旨を説明することにします。

設計監理をする事務所の選定

　この設計監理をおこなう建築設計事務所（コンサルタント）を選

定することは、工事の成否を決めるような重要な意味をもつことがありますから、特別の考慮がいります。というのは、設計監理という業務は、管理組合の立場にたって、どんな工事内容にするか、どの工事会社に工事をさせるか、その工事を仕様どおりうまく仕上げさせるために相談、助言や実務をおこなうわけですから、単純に競争入札による価格だけで決められるものではないからです。

マンションの大規模修繕工事の設計監理を中心におこなう建築設計事務所はそれほど多くはありません。特に名の通った設計会社は、新築が主なところが多いようです。できればマンション関係の改修費がその設計事務所の売上げの半額以上、70〜80％ぐらいあれば良い会社だと思います。もちろん、こういう基準は機械的に適用するのではなく、担当の一級建築士の人柄などもふくめて総合的に判断する必要があります。なかには管理組合には低い価格で見積りを出しながら、実際には特定の工事業者と結びついてバックマージンを受け取るなどの事務所もあり、見極めがむずかしいものです。こういう点では、先ほどのべた工事見学会に出席して、いろいろ情報を集めたりすることが必要です。また、工事実績を調べて、該当の管理組合に評判をきくことも有効です。ＮＰＯ日住協の相談会への参加もふくめて、管理組合団体に加入したり、交流会に参加したりすることの利点はこういうところにもあります。

具体的な建築設計事務所の選定方法ですが、この段階では何の工事をやるかという基本のところまでしか決まっていません。ですから、上でのべたような実績や経験（改修のノウハウ）、担当する専門家の人物などを慎重に検討することになります。そのため見積りに参加した事務所にプレゼンテーションをおこなってもらい、修繕委員や理事などが、それに参加して適否を判断することになります。

この場合に、実際の現場で予期しない問題が出た場合、解決・指示ができる担当者であるか、そうでないかが決定的な意味を持ちます。担当者で解決・指示ができないようであれば、そのような事務所は選定しないほうがよいと思います。とくに新築を主にやっている監理者は、生活しながらの修繕工事では住民との相性が悪く、トラブルが起こりやすいと思います。

建物調査診断、修繕設計

建築設計事務所（コンサルタント）が決まってまずおこなうのは、建物の調査診断です。この調査は、外壁のひび割れ、鉄筋のサビ、タイルの浮きなどの状況を調査し、どういう工事が必要かを判断するものですから、一定の期間を要します。

設計事務所の調査の補助作業として、設計事務所の依頼によるアンケートをおこないます。設計事務所の調査できない箇所や住民の意向を知るためです。しかし、アンケートで回答された内容のすべてが大規模修繕でできるとは限らないことは明示しておくことも必要です。

この結果にもとづいて、修繕の必要な個所と内容を判断し、修繕項目を決め、工事内容と使用材料などの数量を積算し、工事費用の概算を算出します。このなかには、コンクリートのひび割れ個所、タイルの浮きの数など事前には計算できず、工事をやったうえにたって実数で金額を決める実費清算方式の部分もふくまれています。

また、これにもとづいて工事会社に発注する工事仕様や工法内容を検討して「設計図書」を作成します。このときに管理組合の要請や予算に応じて、設備の改善やグレードアップを盛り込むこともできます。せっかく大きな工事をやるのですから、日頃から求められ

ていた改善（たとえば玄関部分にスロープを設けるとか、階段に手すりをつけるとか）をおこなうことも考えられます。

工事業者の選定支援

　工事の設計図書が決まれば、今度は工事業者の公募です。これについては、「アメニティ（集合住宅管理新聞）」や「マンション管理新聞」などに広告を出すことがいちばんいいでしょう。原則的に無料でやってくれます。管理組合でホームページを持っていればそれに出すこともいいでしょう。思いがけない多くの会社から反応があるはずです。

　コンサルタントや修繕委員、組合員などから推薦された会社に募集の案内を送ることもいいでしょう。ただし、これらを特別扱いしないことが重要です。とくに、コンサルタントが管理組合の意向を聞かないで、特定の建設会社を推薦するような場合には警戒が必要です。大規模修繕工事は管理組合にとっては十数年に一度ですが、建築設計事務所と工事業者とは日常的につきあいがあるわけです。本来管理組合の立場で工事の監理を担当する立場だといっても、どうしても馴れ合いがあって、工事業者のほうに配慮してしまうことがありがちです。それだけならまだしも、管理組合への見積りは安かったが、裏で工事業者になるところは事実上決まっていて、そこからバックペイが出ているなどというとんでもないケースもあります。

　工事業者を決めるさいのコンサルタントの関与ですが、最終の決定権がコンサルタントの助言ではなく、管理組合の判断だということをわすれないでください。工事業者から見積りがでれば、設計図書との整合性についてコンサルタントが精密に調査することは当然

です。そのうえで、価格や工事担当者、会社の性格などから２～３社を選定してプレゼンテーションとヒアリングをおこない、最終的に１社を決定します。このさいにコンサルタントの意見を参考にすることはかまいませんが、修繕委員会の意見も聞いて、最後は理事会で決定してください（最終決定は総会の決議ですが）。管理組合で自主的に決定するのがスジだということを承知しているコンサルタントは、選定について決定的な発言をさけるようにしているはずです。

第５節　工事期間と工事完了後の後処理

　マンション工事の特徴は「住民が生活をしながらの場所でおこなう工事」だということです。その点で新築工事とはまったく違い、工事側にはいろいろな配慮が必要であり、また住民の全面的協力も求められます。そういう面からも、先にのべた組合員の合意形成の重要性があらためて強調されなければなりません。

　工事期間には、週ごとや毎日の工事自体の日程や進行状況の広報が、施工会社によっておこなわれます。それと同時に管理組合自身も、住民の工事にたいする反応や疑問、要望、意見を敏感に掌握し、必要な回答や対応などを広報で返していくことが必要です。広報も全組合員を対象とするもの以外に工事の進行におうじて区域を限ってきめ細かくおこなったりする配慮もするべきでしょう。

　「住みながらの工事」ということは、窮屈で不便な生活という面が生じ、それへの対策が必要であると同時に、工事の一つ一つへの住民の関心や監視があるということでもあります。問題があればす

ぐ住民⇒管理組合⇒設計監理会社⇒施工会社と伝わって改善される可能性があるということでもあります。修繕委員会のメンバー、とくにマンションに長時間所在する主婦や高齢者の委員の活躍できるときでもあります。そういう点も生かして、大規模修繕工事を成功させましょう。

　工事終了後については、まず設計図書、工事完了報告書など、その工事で作成された記録類を確実に集約し、次の機会に活用できるよう保存することが大切です。そして、1年目、2年目の点検や瑕疵補修期間の工事個所の点検など、一定の期間を経過するたびに必要とする業務が待っていますから、理事会や修繕委員会は、後任者への引継ぎを確実におこなっていくことが求められます。

　なお、大規模修繕工事をして、この建築設計事務所は信頼できるということになったら、管理組合として引き続きその事務所との付き合いを継続し、いわゆる「ホームドクター」として、何かことがあれば相談する関係を作っておくことが有益であると思われます。

大規模修繕工事支援制度

　ＮＰＯ日住協では、管理組合の大規模修繕工事を支援する事業をスタートさせています。目的は、工事について管理組合の運営をバックアップすることです。内容は、建物診断、設計事務所の選定、工事仕様書のチェック、工事業者選定への助言、総会での合意形成などについて、管理組合で大規模工事にかかわった経験の豊富な日住協理事などが、主として理事会の相談に応じて助言するなどのサポートをするというものです。これは、あくまでも当該の管理組合（理事会）を主体としながら、その運営や活動について、必要な援

助や助言をするもので、管理組合の代理人になったり、理事会に代わって業者などと交渉をおこなったりするものではありません。

とくに設計事務所の選定までが主な業務です。その後の作業は、設計事務所が主になります。そのなかで日住協の業務としては、設計事務所の計画した業務のチェックや、とくに約100ページにも及ぶ工事仕様書のチェックがあります。管理組合にとっては、専門用語が多くボリュームのある仕様書の確認は難しく面倒なため、内容のチェックと確認を依頼されるケースが多いのです。また、工事見積参加業者の募集の確認業務が大事だと思います。特定の業者に都合よいようになっていないかなどの確認です。また、管理組合によっては、工事や修繕の経験者が多く内部で意見がバラバラでなかなかまとまらない場合もあり、そのときには第三者的立場でまとめることも必要になります。都心のマンション等で、修繕委員会を募集しても希望者がいなくて修繕委員会がすぐには設置できない場合は、修繕委員会の立ち上げからお手伝いをします。

工事が始まった段階では、建築設計事務所の現場担当者は、一般に週2～3回程度、工事現場で「設計図書（仕様書）」どおり施工されているかの確認等と施工状況調査および施工業者との打合せをおこないます。日住協理事も2週間に1回程度は現場確認し、管理組合と設計事務所、施工業者の打合せのさいには出席し、現場状況と進捗状況の確認等をおこないます。設計事務所の工事監理は、技術全般をおこないますが、日住協理事は管理組合側に立って上記のような点を確認しています。管理組合としても途中の打合せや現場検査立会を期待しています。管理組合によっては、途中の打合せは1カ月1回とし、中間検査、完了検査、引渡し等を行うところもあります。なお、契約でも全期間40回程度訪問することにしています。

設計事務所と管理組合間のトラブルや管理組合と施工会社とのトラブルが発生した場合は、管理組合や設計事務所に解決方法をサポートします。また、工事終了後は、当然長期修繕計画の見直しが必要ですので、この支援にタッチすることもできます。

COLUMN

「設計・管理コンサルをホームドクターにする」

選手と審判は立場が違う

　マンション改修工事で、設計監理方式の導入が進みつつあるが、責任施工方式も多い。設計監理の最大のメリットは、設計と施工を別々の人（会社）が行う点である。

　野球に例えれば、設計監理方式は選手と審判が厳然として別人が行い、役割をそれぞれが担う。しかし、選手が打って走り、誰の目にもアウトに見えたが、その選手は急に審判になりセーフと宣言する。同じ人が設計と施工を行う矛盾、それが責任施工方式であり、信頼ある施工はあまり期待できない。

設計監理会社（コンサル）を選ぶ

　施行の信頼性を追求するためには、評判のよいコンサルを選ぶことが一つ。評判とは、依頼した管理組合が、その仕事の良否について、批評というフィルターを加えたものだ。悪い噂は表に出てこない。これは、当該管理組合がその事実を隠すからである。

　コンサルを選ぶとき、最終的に価格の安さだけに目が行き、その経験や質が置き去りにされがちになるので注意したい。

　そのコンサルは管理組合側に立脚して設計及び監理を行い、場合によっては施工会社と渡りあい、これからの十数年を何も問題なく安心して住める設計と監理をし、それを管理組合はもちろん、施工会社とも共有しているかなどを見る。規模の大小で選定することは避けたい。実績は多いが、外注に拠っていないか、名刺等に騙されてもいけない。真にその会社の一員として活動しているのか等も重要である。

ホームドクターがマンションを守る

　コンサルが良い仕事をし相性もよいと思えたらホームドクター（HD）として、長いお付き合いをして建物等の健康状態を診てもらいたい。管理組合の資産としての建物等をいかに守り抜くかという観点にとって、HDの存在は欠かせない。HDは最終的には人間性であり、これは本物の医者でも同様である。

　医者を渡り歩くと、その医者はその時点の状態は把握できるが、来歴はわからず、既往症についての理解がないので正しい判断は難しい。

　HDと共に、建物等の維持管理をしていくことをお勧めしたい。

第6章
管理会社と
どう付き合うか

あなたのマンションでは管理会社とうまくいっていますか。「管理会社が、なんでもどんどん勝手にやっていって、理事会は承認するだけだ」「管理員がなんにも仕事をしていない。私用電話ばかりかけている」「管理会社を替えたい」という声は多く、ブログなどをみれば、管理会社への非難や恨みの声があふれています。『マンション管理会社にだまされるな』というそのものズバリの本をはじめ、管理人が内情を暴露した手記や記録など多くの出版もみられます。もちろん「けっこう親切だ」「うまくいっている」という声もあります。そのなかには、「理事はなにもしないでも全部管理会社がやってくれるよ」という安心しきった反応もあります。

　しかし、その反面で、不必要な工事を管理会社が勝手に発注する、電力会社が自費でおこなうべき工事まで管理組合の費用でやってしまうなどの工事費のムダづかいや、エレベーターのメンテナンスを費用の安い独立系に変更しようとしたところ、管理会社が独立系業者に圧力を加えた例から、管理会社の変更の検討をはじめたら、管理会社が住民を組織して妨害をはじめた例など、管理組合本来の業務への介入まで、とても安心できない事例がたくさんあります。

　管理組合（理事会）は、管理会社とどのように付き合うのがよいのでしょうか。その問題を少し詳しくみていきます。

　いま、ほとんどの管理組合がその業務の大半あるいは一部を管理会社に委託しています。一般に、90％の管理組合が何らかの形で管理会社に業務を委託しており、残りの10％程度が「自主管理」だということになっています。

　埼玉県が2011年3月に発表した分譲マンションに関する全数調査（対象は5,878件、回答数3,278件、回答率55.8％）では、回答のあった管理組合のうち、管理委託は全面委託75.9％、一部委託

12.4％、自主管理7.5％（管理人雇用2.7％、区分所有者が業務4.8％）、その他0.9％、不明（無記入？）3.3％となっています。

しかし、自主管理といっても、管理会社が敬遠するような、戸数が10戸程度のマンションなどが相当数あり、上記の埼玉県調査では自主管理のうちの「区分所有者がみずから業務をおこなっている」との回答の大部分がそれにあたるとみられます。また、そもそも全分譲マンション5,878件のうち、432件は「管理組合の存在を確認できなかった」とされています。これらの管理組合（管理組合が存在しないところも）では、事実上管理らしい管理がなされていないわけです。

したがって、通常にマンション管理をおこなっている管理組合で考えれば、管理会社がかならずかかわっているといってもよいでしょう。そのため、管理組合と管理会社との望ましい関係とはどういうものか、それをどうやってつくっていくのがよいかが重要となってきます。

第1節　管理組合自身でやる業務、依頼できる業務

マンション管理組合の「管理」とはなんでしょうか。区分所有法はその第3条で、「区分所有者は、全員で、建物並びにその敷地及び附属施設の管理を行うための団体を構成」することを確認しています。同条はつづいて、「この法律の定めるところにより、集会を開き、規約を定め、及び管理者を置くことができる」としています。これが管理組合の「管理」の基本です。まず集会（総会）を開いて

規約を決めます。法律には書いてありませんが、当然のこととして業務の基本方針やその年度でおこなう具体的業務を決めることになります。そのことによって、管理組合の主要な目的である建物などの維持管理に役立てるわけです。つまり、規約、細則を定め、方針を決めるという区分所有者の意思統一、合意形成という立法的機能と、建物管理を中心とする必要な業務を遂行するという行政的機能との両方を果たすことが、管理組合に求められているのです。

　よく「マンション管理を、管理会社に全面委託する」といういい方がされます。しかし、上記でいうような全機能を委託するということはありえません。いわゆる「立法的機能」である「規約、細則を定め、方針を決めること」は、もっぱら当事者にかかわる事項であって、ほかに譲ったり、任せたりができないことです。もちろん、その途中過程において、参考意見の聴取をしてもらうとか、それをまとめて「議案」の「素案」を作成してもらうぐらいまではありえます。もちろん、必要な資料を提供してもらうことや、文書の作成や配布などということについての援助や作業をしてもらうことがありうるのは当たり前です。しかし、最終的な「決めること」自体は、「主権者」である区分所有者にしかできないことであるのは、だれの目にも明らかでしょう。

　管理組合の理事として活動している人のなかにも、管理会社に業務を委託すれば、管理組合やその理事は楽になると思っている人も多いはずです。たしかに、身体的には楽になるかもしれませんが、精神的には決して楽にはならないのです。組織としての管理組合の対外的責任、あるいは理事会の区分所有者にたいする責任、たとえば共有部分である外壁のタイルが落ちて人がケガをした場合の責任

が、理事会（理事長）にあることは、管理会社に業務を委託していても、自主的に管理していても、いささかも変わりないのです。

　また、管理組合の仕事は、第1章でものべたように、そもそも一戸建てなら自分でやることの延長にすぎません。一戸建てであっても、大金持ちで特別に大規模な家を構えている場合をのぞけば、日常的に家計や家の管理を他人に任せている人はごく例外的でしょう。マンションの管理だって、総会や理事会などの機能のほかについても、業務は管理会社でなければできないというものではありません。修繕にしろ、清掃にしろ、樹木の剪定にしろ、管理員の雇用にしろ、管理会社でない業者などに管理組合から直接発注をすればよいのです。それを管理会社に委託しているのは、いちいちの対応が大変であるなどから、作業の「合理化」、エネルギーの「節約化」という理由で、そうしているにすぎません。

　もう少し、具体的にそれぞれの業務をみてみましょう。標準管理規約はその第32条で「管理組合は、次の各号に掲げる業務を行う」として17の「管理業務」を列挙しています。それは以下のようなものです。

1　管理組合が管理する敷地及び共用部分等（以下本条及び第48条において「組合管理部分」という。）の保安、保全、保守、清掃、消毒及びごみ処理
2　組合管理部分の修繕
3　長期修繕計画の作成又は変更に関する業務及び長期修繕計画書の管理
4　建物の建替えに係る合意形成に必要となる事項の調査関係の業務
5　適正化法第103条に定める、宅地建物取引業者から交付を受け

た設計図書の管理
6　修繕等の履歴情報の整理及び管理等
7　共用部分等に係る火災保険その他の損害保険に関する業務
8　区分所有者が管理する専用使用部分について管理組合が行うことが適当であると認められる管理行為
9　敷地及び共用部分等の変更及び運営
10　修繕積立金の運用
11　官公署、町内会等との渉外業務
12　風紀、秩序及び安全の維持に関する業務
13　防災に関する業務
14　広報及び連絡業務
15　地域コミュニティにも配慮した居住者間のコミュニティ形成
16　管理組合の消滅時における残余財産の清算
17　その他組合員の共同の利益を増進し、良好な住環境を確保するために必要な業務

　そして、第33条で、「管理組合は、前条に定める業務の全部又は一部を、マンション管理業者（適正化法第2条第八号の「マンション管理業者」をいう。）等第三者に委託し、又は請け負わせて執行することができる」と規定し、管理業者（法律や標準規約では「管理会社」ではなく「管理業者」の語をもちいる）に委託できることを定めています。
　ところで、標準管理規約では「前条（第32条）に定める業務」といっており、その1～17には、実際の管理業務委託の中心の一つで、「基幹業務」と位置づけられている管理費等の収納業務がまったく出てきません。多くの管理組合が委託している総会や理事会の

運営（補助）もありません。実は、標準管理規約では「総会」「理事会」「会計」は「管理組合の業務」とは別の項目に記載されていて、それには「委託して執行することができる」との文言は書かれていません。本来は「会計」の「業務」のあとには、第33条と同じようにマンション管理業者に「委託できる」旨の条文を加えておくのが正確でしょう。もちろん、いまの標準管理規約のままでも、委託が違法だというわけではありません。

　その適否はともかくとして、総会や理事会は「業務」というより、内部の合意形成の手続きのための機関であり、「業務」が「行政」ならば、会議は、いわば「立法」機能であるので、後にのべるようにそもそも委託の対象外のものだともいえるでしょう。「総会」「理事会」は、区分所有者だけができることですから、それをまるごと委託することはできないことは当たり前です（運営業務の補助が委託の対象になっていますが）。会計はいってみれば「行政」ですから、「業務」の項目にも挙げておいたほうがいいように思われますが、詳細な規定を要するということで別の項目になったために、このようになったのでしょう。

　第33条には「前条に定める業務の全部」を委託できるとの趣旨の記載もありますが、「全部」といっても、１～17のうち、９～16の内容のほとんどは標準管理委託契約書にはありません。実際にもコミュニティ活動や広報などは、ことの性質上、管理会社になじまないものです。マンションで大手の管理会社の広報紙が配布されているところは多いようですが、これは管理組合とはまったく別に、どこの管理組合にも共通する内容での管理会社のＰＲ紙です。その他の９～13も同様です。ただ最近一部の管理会社は、業務の拡張

でしょうか、防災業務の支援やお祭りなどの住民交流など一部のコミュニティ業務の支援にまで乗り出しています。

いずれにしても、このような理由で、管理会社にいわゆる「全部委託」をしている管理組合にも管理業務は残りますし、そもそもほかに委託できない管理組合の仕事があります。

それは、管理組合の基本方針や、建物修理など日々おきる事態への対応方針にかんする組合員（区分所有者）の合意形成、意思統一です。前者は総会で承認を受ける議案の内容であり、後者は理事会（あるいは理事長）で処理する事案となるはずです。管理会社に全面的に任せっきりにしている管理組合（理事会）といえども、管理会社の要請に応じて修繕工事や物品購入の契約書や支払伝票に印鑑を捺しています。このように管理組合としての行為の最終責任は、管理組合（理事会）が負っていることがしめされています。

いわゆる「全面委託」の管理組合での理事会の仕事といえば、総会、理事会の運営および日常の管理会社の業務にたいするチェック機能に集約されます。また、年に１回は、総会にどういう提案をするかという案をつくる仕事もあります。この部分を放棄したり軽視したりすれば、管理組合の運営も、管理組合の資金も、管理会社の思うままにされてしまうことは明らかです。さらに、チェック機能をマンション管理士や公認会計士、税理士などの「専門家」に依頼することは可能ですが、そうしたとしても、それらの専門家が誠実に適切な業務をしているかどうか、ここでもまたチェックが必要となります。そうしなければ、またしても「専門家」の思うままになってしまいます。

こういう次第ですから、理事会や総会の「業務」を管理会社から補助してもらっている管理組合は、できるだけ何とか努力して、そ

の状態から抜け出るようにすべきでしょう。そんな大変なことはできないという管理組合も多いと思われますが、管理会社のつくった理事会の議事録（案）がどうも理事会の討議とニュアンスが違う、ニュアンスどころか内容も違うなどという疑問をもっている理事はけっこういるものです。ある管理組合では、契約で議事録を作成してもらう（補助のはずだが）ことになっているが、どうしても内容に納得ができないので別に（二重に）記録を作っているというケースがありました。本来は議事録作成補助の業務を断ればいいだけのことですが、これでは管理組合側が遠慮しているわけで、本末転倒です。別に管理会社と対立する必要はありませんが、ときどき管理会社の担当者の出席しない理事会を開くとか、議事録をためしにつくったりしてみれば、それほどの大仕事でないことはよくわかるはずです。なにしろ日本人ほど記録好きの人種はいないといわれるくらい、歴史研究の分野では、各年代の膨大な日記などの文書が残されていて、大いに役立っているのです。

第2節　マンション管理会社の現状とその業務

　マンション管理会社は長い間、特別の法律による規制がないままに経過してきましたが、ようやく2000年にマンション管理適正化法が成立して、国土交通省のもとに登録制度ができ、2013年3月末現在で、2,252社が登録しています。

　管理会社は、通常、分譲時に建設会社や分譲会社の系列の会社が決まっており、契約のさいにほぼ自動的にそれを承認したという形式がとられているために、区分所有者が自主的に管理会社を決める

ようになっていません。

　そのためもあって、約613万戸（2014年末現在）あるマンションのうち、大手15社（管理戸数8万戸以上）の占める比率は50.6％、グループ別15社では58.9％と過半数に達している状況で、大手管理会社による寡占状態がどんどん進んでいます。

　管理会社は、建設会社や分譲会社の系列と、そういう親会社を持たない独立系の会社とに大きく分かれます。前者は建設時に管理が決まるのにたいし、後者は営業で新規管理住戸を開拓（リプレイス）していくという性格です。また、規模の小さいところは独立系がほとんどです。なかには、1棟か2棟しか管理していない小規模の会社もあります。

　管理会社のもっとも主要な業務は、管理費等の収納と支出に関すること、共用部分の維持・修理の企画と実施で、これらを法律では「基幹事務」と呼んでいます。ほかには通常、窓口などの管理員業務、各種機械・設備などの点検業務、清掃業務、植栽などの管理業務があります。またこのほかにも、総会や理事会の運営補助、修繕計画の作成などの業務が加わることがあります。これらを管理組合の委託を受けて遂行することになります。

　管理組合との連絡や交渉を担当し、理事会の要請を受けたり、理事会に出席したりする担当者をフロントマンといっています。この人たちは管理業務主任者の資格をもっている人が多く、一応管理会社としての管理の専門家です。また、管理事務所の受付窓口の担当者は以前には管理人といっていましたが、今は管理員と呼ぶのが通常です。超高層マンションなどでは、コンシェルジュなどという名前で呼んでいるところもあるようです。こちらのほうは、定年退職者で、派遣とか契約社員という形の人が多く、ほとんどが専門家で

はありません。しかし、実態としては、大手の管理会社などでは、このほかに日常の修繕から計画的におこなう大規模修繕まで、系列の建設会社に発注することに力を入れています。事業の紹介、宣伝でもこの点を大きな柱にして、利益を上げようとしていることに注意することが肝心です。

　さらに、専有部分のリフォームから簡単な日常修理まで面倒をみることをうたい文句にする管理会社も現れています。つまり、管理組合が担当する範囲を越えて、管理会社が営業範囲に入れ、いわば区分所有者を全面的に囲い込んで、業務を拡げようとしているのです。居住者の要求もありますから、一概に否定することもできませんが、本来の業務である共用部分の管理がおろそかになる懸念もあります。

第3節　全面委託管理、一部委託管理、自主管理

　つぎに管理組合と管理会社との関係を概観しておきます。「業務」を全面的に管理会社に委託する場合、金銭の収納や管理員の派遣など一部を管理会社に委託し、清掃などは管理組合員みずからがやる場合、それから管理会社に委託せず管理員を直接雇ったり、自分たちで全部管理業務をやる自主管理の場合と3つのケースがあります。自主管理といえども建物の修理や排水管の清掃などは外部の専門業者に発注するのは当然で、一戸建ての家が業者に頼むのと同じことです。

　前にのべたように、全面委託管理といえども管理組合のなすべき

ことはなくなったわけではなく、手足を動かすような「業務」はほとんどないとしても、意思決定をする役割および管理会社の業務をチェックする課題は残らざるをえません。「チェック業務」などというのはどこの管理規約にも書いてありませんが、委託した以上、その業務が委託したとおり正しく十分におこなわれているかどうか調査・点検することは、当然のことです。一戸建てなら、庭木の剪定をしてもらえば、最後に発注した人が庭を見て、満足のいく出来上がりか、切り落とした枝や葉が残っていないかなど点検してみるのは当たり前ではないでしょうか。

　現在は一般的にいって、全面委託70〜80％、一部委託10〜20％、自主管理10％程度というのが実態であるとされています。自主管理といっても、なにもかも区分所有者自身が全部実務をやらなければならないわけではなく、管理組合で事務局長（管理主任）や事務員、清掃員を雇い、指揮命令して管理の実をあげている大規模管理組合もあります。ごく小規模管理組合では、理事会を設けても、日常の管理は、管理費の取り扱いと順番でやる清掃ぐらいだというところもありますし、事実上「管理放棄」に近い状態のところもあります。また逆に、業務を委託していても、管理組合として自立的に方針を決定し、広報紙を出し、コミュニティづくりにつとめ、組合員の意思をよくまとめて、管理会社をリードしている管理組合はいくらもあります。そういう管理組合では、主要な業務である建物の大規模修繕にあたっては、自主的に設計監理業者を選定し、実態調査をおこない、工事業者を決定して進めているわけです。そこからみると、管理組合の活動の意味では、前記の3分類は、あまり適当とはいえません。

　むしろ、管理組合（理事会）が、主体性をもって管理組合を運営

しているかどうかで判断すべきで、仮に全面委託の管理組合であっても、自立して管理の運営方針を定め、活動していれば「自立管理」として位置づけるべきであると考えます。

第4節　管理会社を管理組合のパートナー（協力者）に

　一般にマンションの管理会社は、「管理組合のパートナー」といわれています。管理組合のなかには、どんな質問をしても答えない、理事の立候補を認めない、都合の悪い情報は組合員に知らせない、ウソの報告書を出すなどなど、長い間管理会社にさんざんな目にあっていて、「パートナー」などとんでもない、「敵対者だ」と公言している人もいます。そういう実例を語る管理組合のいうことはおおかた事実で、ひどい管理会社があることはたいへん残念なことです。

　管理員の窓口をふくめて毎日管理会社とつきあっている管理組合とが敵同士だとなると、どうにもならないわけで、なんとか管理組合の側から、事態を改善していく努力をするという気持ちをふくめて、タイトルを「パートナー（協力者）に」としました。たしかに、管理会社は営利企業ですから、利益の追求を目的とし、管理組合は構成員全体の建物の維持管理を中心にして区分所有者の利益をまもる組織ですから、目的が違うことは事実です。

　しかし、管理会社は管理組合と契約を結んで管理業務を受託しており、契約書にも誠実な業務が求められているはずです。マンション管理適正化法で業務を適正化する責任ももっています。また、管

理員業務などは、居住している区分所有者の前でおこなわれているわけで、その勤務状況も白日のもとにさらされます。ですから、業務の質がきわだって悪ければ、たちまち批判されることは必至で、得手勝手なことがそう簡単に通用するわけではありません。現に、居住者の批判で紛争や管理員の交代、管理会社の変更（リプレイス）という事態は、各地でしばしば起きています。理事会としても、居住者側からの意見は日頃聞いているわけで、区分所有者の利益を守って、管理の実をあげるためにも、管理会社に契約どおりきちんと仕事をしてもらわなければならないので、いうべきことはいって管理会社に協力してもらわなければなりません。

　福島の原発事故では国会の調査委員会が報告書で、安全のためにあるはずの規制機関が、情報のうえで圧倒的優位にある電力会社のいうがままになったことを「虜（とりこ）になった」と指摘しました。同じように管理組合の理事会をみても、マンション管理の知識や情報のうえでは、管理会社の方が圧倒的に優位にあります。そのため、「虜」になって管理会社のいうままになっている場合が多いことは事実です。

　ですから、管理組合が管理会社のいうとおりに工事を発注したりしてムダづかいなどをしないためには、どうしてもマンション管理にかんする知識や情報を一定程度は身につけておくことが必要になります。管理組合がマンション管理についてある程度分かってくれば、管理会社と契約をするさいも、苦情をいったり、改善要求をしたりするなど、管理会社の「いうがまま」になることだけは免れることができるでしょう。よくないことですが、管理会社も管理組合の足元をみて仕事をするといわれているところです。管理組合側の努力がなくては、管理会社との真のパートナー関係もなりたちません。管理組合（理事会）の努力が大いに期待されます。

第5節　マンション管理適正化法、適正化指針と標準管理委託契約書

　マンション管理会社は、長い間法律上は特定の規制がなく、自由に業務をおこなえました。2001年になってマンション管理適正化法が施行された結果、ようやくマンション管理業にたいする登録など一定の基準が設けられました。これによってはじめて、管理組合と管理会社との委託契約も、管理会社の自由にたいしてある程度の法的な歯止めができました。

　この法律制定以前からありましたが、委託契約にあたっては、国土交通省から出されている「標準管理委託契約書」が基準となっていました。前にみたようにマンション管理組合の「管理」には、そもそも「業務」とはいえない、いわゆる意思決定とか決裁過程（総会、理事会）があり、これは本来委託できません。ですから、その名称は本来「管理業務委託契約書」というのが正確で、「管理委託契約書」ではありません。

　また、管理組合の業務のなかに、「管理会社の業務のチェック」があるはずで、当たり前ですがこれは管理会社には委託できません（マンション管理士などにチェックを「委託」することは可能ですが、このチェック業務が信頼できるかどうかのチェックがまた必要ですから、結局はどこまでいっても管理組合の判断業務が残ることになります）。また、標準管理規約に列挙されている業務のなかにも、この「標準」「契約書」に出てこない項目もあります。

　標準管理委託契約書は、1982年に旧建設省が作成し、関係業界団体に通知したものが出発点です（標準管理規約などと同様の時期）。もともと当時の高層住宅管理業協会（現在はマンション管理

業協会)の作成したモデル契約書が基礎になっていますが、一応、住宅宅地審議会の答申を経た「標準」である以上、それなりに管理組合の立場も管理会社の立場も考慮したものになっており、業務契約の大半はこれに準拠しているとみられます。もちろんこれは「契約を締結する際の指針」であって、関係者は必ずしもこれに拘束される必要はありませんが、基準としては大変役立つものです。

理事会は、この標準管理委託契約書をよく読みこなし、管理会社からでてくる契約書が、管理組合のおこなうべき業務に合致しているかどうか、まずよくみることが重要です。「標準」ですから、広くいろいろな設備が列挙されているのは当然ですが、そのなかには自分のマンションにないものもあるので、きちんと除外すべきものは除外するなど、当該マンションの実情を反映したものにしなければなりません。

また逆に、内容がこの「標準」どおりかどうか、とくに「標準」と違う個所についてはなぜ変更されているのか、それは管理会社がどういう意図で変更したのか、などを一つ一つよく検討する必要があります。わが国では、契約書などの書類があまり重視されない傾向があり、そこをついて管理会社が管理組合に不利な条項をひそかに盛り込むなどということが現実にはたくさんあります。マンション管理適正化法の制定前は、大手の管理会社の契約書のなかにも契約の自動更新条項をもつところがありました。しかし、いくら気がつかなかったにせよ、契約書に書かれてしまうと決定的な影響をもちます。民法には「契約自由の原則」というものがあって、人権を侵害したり、犯罪になったりするようなもの(いわゆる「公序良俗」違反)でないかぎり、どんな契約でもできるし、合法であることになっています。仮に管理会社と管理組合とのトラブルが発生すれば、

契約書にある内容を基準に裁判の判断などが決まっていくのです。この点は、十分な注意が必要であることを重ねて強調しておきます。

　適正化法の施行は、従来野放しになっていた管理契約の分野に一定の基準を持ち込んだという意味で重要です。いちばん明確なのは、これまで双方の申し出がなければ契約の自動延長ができるという事項がなくなり、契約の更新には契約期限の３カ月前までに更新の申し入れをおこなうことが義務づけられたことです。

　管理会社がおこなうべき業務は大きくわけて①事務管理業務、②管理員業務、③清掃業務、④建物・設備管理業務の４つがあり、それぞれの業務の内容をしめす詳細な別表がついています。①の事務管理業務のうち、収支予算および収支状況の報告と出納業務は「基幹業務」と位置づけられ、基幹業務以外としては、理事会支援、総会支援、その他（各種助言や届出関係、書類の保管等）があげられています。出納業務は、〇収納口座と保管口座の二本立てにする方式（Ａ方式、Ｂ方式）と、〇収納・保管口座を一本にするＣ方式との３つがあり、滞納金の督促についても規定があります（一定期間後は管理組合に滞納金関係の業務を戻す。これは弁護士法との関係で、本人と一定の資格者以外には「債権回収」ができないとの理由による）。

　②〜④の業務の詳細をしめした別表をみると、たとえば「別表第３　清掃業務」や「別表第４　建物・設備管理業務」でも、実際には「いまさら」というような項目も多数あり、本当に対応できるかという項目もあります。それよりも重要なのは、これらの業務や点検が実際におこなわれているかどうか、それをどうやってチェックするかということです（勤務日誌、点検リスト、業務報告書など）。

通常の契約書には書かれないことですが、そこまでなんらかの形で詰めておかなくては、やったかどうかさえわからないことになります。ある管理組合では、管理会社に設備点検の報告書（保存期間内のすべて）を求めたところ、数カ月経って手書きの報告書が出されたが、怪しげなので下請け、孫請け、点検者本人との面接などをして追及したところ、相互の説明が食い違い、点検業務が実際におこなわれたかどうかさえ疑問になってきたという例もあります。

　また、現金や書類、備品の扱いなども、取扱いの詳細を取りきめておかないと、実際には勝手な判断で業務が進められてしまいます。よくあることですが、各業務の検討のさい、業務が二重になっていないかの検討も重要です。とくに一部委託の業務のある管理組合では注意が肝心です。「建物・設備管理業務」のなかには何年に１回というような点検項目もあり、それが一年契約の契約書に入ること自体おかしいのですが、これによって３年に１回の点検項目の費用が三重に支払われていた場合もあったという話さえもあります。

　なお、管理業者によっては、「管理サービス」「コンシェルジュ」などと称して、管理組合ではなく、個々の区分所有者（居住者）むけの「サービス業務」をおこなっているところがあります。居住者の必要や要請があるわけですから、これをいちがいに否定するものではありませんが、管理会社によっては契約書のなかに、管理事務所をそのような業務にも「無償」で使用させると明記しているものもあります。こういう場合、管理員の業務などが、管理組合との契約以外の業務になっていないかなどもふくめ、よく検討することが求められます。

　委託金額も、もちろん安ければ安いほどいいというものではありません。例えば、他の管理組合から委託業務を奪うさいは低い金額

を提示するが、業務の範囲が狭く、要求をして新しい業務を追加すれば、金額はどんどんあがっていく仕組みになっていないか注意が必要です。業務のなかには定額ではなく、実績払いのほうがよい項目もあるので、検討してみるとよいと思います。

　委託金額の契約書の様式も３様式が標準化されています。いずれも大項目ごとの金額しか分からないものですが、大項目ごとに利益・一般経費をふくめたものと、各項目は実費（？）で、最後に利益・一般経費を別項目で計上しているものがあります。一応後者のほうが望ましいと思われますが、本来はもう少し項目を分けたものが望ましいものです。

　ところで、どの管理組合でも、管理費や修繕費積立金が多額にならないように、理事会は苦労していると思います。そのため、管理会社への委託金額がなんとか下がらないかという課題があります。この問題では、２つの面があることをよく考えて対応する必要があります。１つは、たしかに委託業務の内容があいまいで、必要もない経費を払っている場合が多いということです。管理業務委託契約書をよく見直し、実際にはほとんどやられていない業務や、やらなくてもいい業務を洗い出し、契約書を変更して値下げをはかることが必要です。もう１つの面は、総額で漠然と管理費の値下げを求めた場合に、管理会社はそれに対応して業務の質を落としてしまうおそれがあるという問題です。委託価格のことだけで交渉せず、かならず個々の仕事の内容をどういうふうにやるかを確認しなければなりません。

　なお、管理費については、管理費の引き下げを主要な業務にしている「業者」が、以前からあります。また、最近ではマンション管理士の業務のなかにも、「管理費引き下げ」があげられています。

しかし、なかには引き下げ額の50％を報酬として受け取るなど法外なものがあり、しかもその後も毎年一定額を受け取るという契約例さえあります。前述のように管理費は低ければいいというものでなく、管理の質との関係がありますから、この種の業者については、十分注意して臨む必要があります。

第6節　管理会社を変更する場合

　管理会社のホームページをみると、「いまの管理費は高くありませんか」などといって、管理会社変更（リプレイス）のおさそいが多くみられます。

　統計によると、管理組合がいま契約している管理会社がマンションの新入居のときのままか、変わっているかを調べると、10％を超える管理組合が、新入居のときとは違う管理会社に委託しているという結果が出ています。つまり、管理会社の交代は、それほど少ないわけではないということです。そこで、管理会社を変更する場合の手続きを考えてみましょう。

　まず、管理会社を変更したいという話が理事会で持ち上がるには、組合員の間で管理会社がよくない、替えてほしいという声が大きくなっているという背景があるはずです。管理会社の変更は、管理組合（理事会）にとってはたいへんなエネルギーを要する仕事です。そのため、替えたいという声が相当強くても、よくその内容を検討したうえで動き出すことが求められます。

　つまり、マンションに常駐している管理員に問題があるとか、巡回してくるフロントマンと理事会との間で意思の疎通がうまくいか

ないとか、委託金額が高いとかなどの問題の場合には、組合員の意向を調べるアンケートを実施したりしながら、とりあえず管理会社と交渉をすることからはじめるのがいいと思われます。というのは管理員やフロントマンを交代させただけで、問題が解決した管理組合も少なくないからです。また、引継ぎの問題とか、新しい管理会社が管理組合の注文に応じられるかの不安もあります。

　もちろん、管理組合員のほとんどの人が、管理会社そのものに強い不満があって、変更の動きをすれば管理会社からのいろいろな妨害が予想される場合には、電撃的に臨時総会で変更決議をするようなこともありえます。

　管理会社がそんな妨害までするのかとお思いの方もおられるかと思いますが、現実にあるのです。管理会社の側から理事長を名誉棄損で訴えて敗訴したという例もあります。管理会社の見直しが総会の事業計画で承認されたのに、管理会社と意を通じた組合員が多数理事に立候補して改革をつぶしてしまった例もあります。役員になり手がいないときはともかく、組合員のなかに意見の相違があるときに、役員選挙に管理会社がかかわるのは不当な介入にほかなりません。なかには、管理会社見直しの検討がはじまったとたん、竣工図面、設計図書、修繕履歴などの重要書類が見つからないと引き渡しを妨害し、管理会社変更を妨げようとした話もあります。

　通常の変更の場合には、つぎのような段取りになるのがよいと考えられます。

① 理事会での「管理会社変更」検討開始。

② アンケート（感じている問題点をあげてもらう。変更の可否を問う）。

③ アンケート結果を受けて、臨時総会を開いて、管理会社変更

（あるいは現行の管理会社をふくめた再検討）についての基本方針の承認を受ける。
④　現在の委託内容の洗い出し。除外、追加の検討。
⑤　「管理業務仕様書」の案を理事会で作る。
⑥　アンケートで、新しい仕様書（管理内容）についての意見を聞く。仕様書を理事会で確定する。
⑦　この「仕様書」で複数の会社から見積りをとる。
⑧　説明会を開く。
⑨　理事会で採用する会社を内定する。
⑩　総会で最終決定する。

　なお、これは一例で、アンケートや総会を丁寧にやって、あくまでも組合員とともに進めることが求められます。また、仕様書などについては、管理組合活動の経験のあるマンション管理士などに相談することもよいかもしれません。

COLUMN

「管理会社とは緊張感あるパートナー関係を」

「管理会社とどう付き合うか」というテーマは、本論談でも幾度か取り上げてきたが、依然として管理組合にとって管理会社問題は大きな課題となっている。

法律的に見れば、管理会社は管理組合との業務委託契約に基づいて管理業務を行なうということになっているので「管理の主体は管理組合」ということは明白であるが、わが国マンション管理の特異な状況もあって、あたかも「管理の主体」が管理会社と思われる事態も多く認められる。

例えば、マンション購入時に既に管理会社が決まっており（ほとんどは分譲会社の系列管理会社）、管理組合が選択して契約したわけではないということがある。また、契約書のなかに「総会支援」「理事会支援」業務という項目があるので、管理組合運営まで管理会社に頼ってしまうということもある。こうした象徴が「管理委託契約書」という名称である。端的に言えば、管理組合が管理会社に委託するのは「管理業務」であって、「管理」そのものではない。本来は「管理業務委託契約書」である筈である。

とは言え、これらを理由に管理会社を敵視したり、非難すれば済むというものではない。実際的には現実の委託契約関係において、管理組合は管理会社への適切な関係を築いてマンション管理をより良いものにしていかなくてはならない。それを一言で言えば「管理組合と管理会社との緊張感あるパートナー関係」を築くべきということになろう。そのためには、管理会社には「管理組合が管理の主体」という命題を、「お題目」ではなく、しっかり理解していただくことを求めたい。そのためのフロントマンの教育をしっかりやって頂きたい。日住協としても、そのことを管理会社に求めていく活動を強化していくつもりである。

同時に、管理組合、特に理事の方に、管理会社に「緊張感」を持たせるためにも、区分所有法や規約に精通するとともに、管理業務の知識を深める努力を要望したい。管理会社を良くも、悪くもするのは管理組合の管理力であるということを強調しておきたい。

第7章 マンションのトラブル対応の基本的考え方

マンションには多数の人が住んでいますから、トラブルが絶えません。管理組合（理事会）自身がそうしたトラブルに直面したとき、あるいは区分所有者同士のトラブルが管理組合に持ち込まれたときなどに、どう対処したらよいかを考えていきたいと思います。
　マンションの三大トラブルとして、**水漏れ、騒音、ペット飼育**があげられます。
　マンションのトラブルは、同じようでも一つ一つ違い、その対応をどうするかの内容は、極端にいえば、まったくの各論になります。ですから、トラブルについての解説書の説明は、だいたい裁判例にもとづいて個々の実例を中心に説明するものです。
　しかし、それは個々の具体例ですから、その裁判の結果がそのまま結論として使えるかというと、そう単純にはいきません。どういう背景のもとで、何を争ったかを詳細に検討して、それといま直面している事例とが、どこが同じでどこが違うかをよく比較して、同じような解決ができるかどうかを検討することになると思われます。それでもトラブルというのは、結局は人間関係ですから、事例が似ているからといって、当事者が同じように納得するかどうかは、まったく別だというのが厄介なところです。
　ここでは、トラブルの種類や対応の仕方もできるだけ類型化しておいて、個々の対応が、ほかの対応にも応用できるようにしたいと思います。そのうえで、個々の具体的な解決手法が出てくるのではないかと思われます。そのため、マンションにおけるトラブルの全容を概観し、主要なトラブルについての扱い方の方向を考えてみることにします。

第1節　トラブルの実態

◆　マンション管理組合の運営をめぐっては、どういうトラブルが多くありますか

　国土交通省が5年ごとにおこなっている調査（2008年度）によれば、マンション管理組合のかかえているトラブルは、下記のような実態になっています。

居住者間のマナー	63.4％
そのうち　違法駐車・違法駐輪	22.7％
建物の不具合（水漏れ、雨漏れ等）	36.8
生活音	37.1
費用負担（管理費等の滞納）	32.0
ペット飼育	34.8
近隣関係（電波障害、日照権等）	18.4
バルコニーの使用方法	15.2
管理組合の運営	12.2
専用部分のリフォーム	5.4
管理規約	9.6
管理会社等	3.8

　埼玉県内の全分譲マンション管理組合を対象とした2010年度の調査（対象数5,878、回答数3,278、回答率55.8％）によれば、マンション管理上のトラブルはつぎのとおりです。

【生活ルールに関わるトラブル】

駐車・駐輪問題	54.2%
騒音・振動問題	53.2
ゴミ出し問題	50.5
ペット問題	47.3
廊下など共用部分の使用方法	21.3
バルコニーの使用方法	18.8
専有部分のリフォーム	7.7
その他	4.2

【建物設備に関わるトラブル】

水漏れ	39.8%
雨漏り	29.3
鉄部のサビや腐朽	18.6
受水槽・上水道設備	12.7
施工不良	12.4
アフターサービスに関するもの	8.1
下水道設備	7.8
瑕疵担保責任に関するもの	6.2
外壁落下	4.7
その他	3.7

　以上のような結果で、「滞納問題」や「ゴミ出し問題」など片方にしかないものも若干ありますが、これらはなにをトラブルとみるかという考え方の違いや、調査の仕方、質問の仕方によるものと思われます。しかし大体において国土交通省の調査と埼玉県の調査とは同様の傾向をしめしているとみてよいと思われます。

第2節　トラブルの当事者別の分類

　トラブルが誰と誰との間でおこっているか、という点について分類してみると、

1　区分所有者間
2　管理組合と区分所有者（占有者やマンション内の商店、事務所などもふくむ）との間
3　管理組合と管理会社、修繕工事業者などとの間
4　区分所有者と外部関係者との間

などになります。トラブル問題の最初にこの当事者別の分類をするのは、管理組合（理事会）として、トラブルを取り扱うべきか、取り扱わないほうがよいかを判断するためです。

　それでは理事会が、区分所有者からほかの区分所有者とのトラブルを持ち込まれても、知らない顔をせよというのかといわれる方があるかもしれません。「つれなくせよ」というわけではありませんが、管理組合の業務の性格からいって、区分所有者全体の利益という立場から、そういわざるをえないのです。たしかに理事会としてなんとか解決の仲介をしてあげたいと思う問題も出てくるかとは思いますが、管理組合として取り扱ったほうがいいかどうかは、よく考えてみる必要があります。

　その点で、第1の区分所有者間のトラブルについては、管理組合として取り扱うべきものと、管理組合がかかわらないほうがいいものとを、明確に分けるべきだと考えます。

その基準ですが、基本的には第１章でのべた「管理組合の仕事」の範囲に入るか入らないかということで分けるのがいいと思います。つまり、管理組合の仕事は、共用部分の管理を中心として、専有部分の使用についてもほかの区分所有者の生活にかかわる問題で管理規約や使用細則で決めている事項（ペット飼育や楽器の演奏時間など）の範囲です。この範囲に属するものについては、もちろん理事会として取り扱わなければなりません。しかし、細則にも別に規定がない生活音での紛争などは、特別の理由がなければ取り扱わない原則にするのがよいと思われます。

　管理組合で扱わないトラブルの基準を決めて、これはできないと断るのは不親切なように聞こえますが、そうではありません。むしろ、まったく私的な人間関係に原因するようなトラブルに管理組合が入り込んでしまって、時間やエネルギーを使って、本来の管理組合の業務に差し障りが生じては、かえってマイナスです。また、管理組合の業務でもない問題に理事会が親切にタッチしてあげたと思うのに、解決方法や結果によっては、トラブルの当事者のどちらかあるいは両方から、理事会が恨みをかうことになって、管理組合の今後の運営に障害が発生することもありうると思われます。そういうことのないようにしなければなりません。

　そのため、管理組合が扱わず、区分所有者間の処理に任せるべきものは、早い段階でハッキリと、上記のような理事会の立場を当事者に伝えるようにしたほうがいいと思います。

　第２の管理組合（理事会）と区分所有者等との間のトラブルは、管理組合（理事会）が当事者ですから、避けるわけにいきません。この内容は後で詳しく検討することにしますが、前提として、対応

の基本的な姿勢が重要です。それは、相手から虚心に事実を詳しく聞くことです。理事会としては、どうしても相手は管理組合の業務に文句をつけてきたクレーマーだ、と思ってしまいます。そして、身構え、なんとか抑え込もうという姿勢が出て、相手の言い分を十分に聞かないうちから反撃に出ようとして、かえって対立を激化させる危険があるからです。

　最近では、商業でも製造業でも、消費者の「苦情」については、相当踏み込んで充実した対応策をとるようになっています。進んだところでは、「クレームこそ業務改善の発想の根源」という発想で、お客さんの苦情や意見から学んで、業務を改善したり新製品を開発するヒントにしたりしている企業があります。管理組合の運営とは少し違った分野の話だという面はありますが、理事会も苦情があれば「ありがたい。業務改善のチャンスだ」という姿勢でトラブルに臨めば、区分所有者も理事会の誠意を認めてくれると思われます。

　第3の管理組合と外部の業者等とのトラブルというのは、管理組合自身の話です。具体的な話は、建物や設備についてや、その修繕にかんする問題は第5章で、管理会社にかんする問題は第6章で扱っています。

　この関係では、ごく単純な問題から、マンション全体の運命にもかかわる根本的問題まであります。なにしろ、マンション本体そのものが欠陥住宅で、入居直後から建替えとか、契約解除とかに直面した例もあるのは、皆さんもご存知のとおりです。上にあげた分野以外にも、清掃業者とか植栽の業者とか、物品購入関係の業者とか、いろいろな業者とのトラブルもありえます。いずれにしても対応で気をつけておきたいのは、背後に組合員（区分所有者）がいるとい

う問題です。組合員の利益の観点からどうだ、という判断基準が求められるのです。細かい問題では理事会だけの判断で対処をせざるをえないわけですが、組合員への報告をかならずおこなうことが求められます。大きな問題では、アンケートをおこなったり、総会への報告や承認を得ながら動くということが必要になってきます。トラブルの発生にかんして理事会の側にも弱点やミスがあったりすると、とかく隠しがちになって、組合員への報告が不十分になりやすいですから、問題点もふくめて組合員への報告を正確におこなうことが、とくに重要です。

　第4の区分所有者と外部関係者とのトラブル、たとえばマンション住戸の売買や賃貸にかかわるものや区分所有者の専有部分のリフォーム業者とのトラブルなどは、はじめから全部、基本的に範囲外です。こういう問題に直面したら、範囲外だということを組合員によく説明することが重要です。

　ただし、たとえ住戸の売買といえども暴力団関係者がかかわっているなどの点があって、管理規約や細則に違反する、あるいは直接のトラブル当事者以外の区分所有者にも影響があるなどの問題があれば、管理組合が積極的にかかわるべきで、そういう例外があるのはもちろんです。

第3節　取り上げる姿勢、態度

　各論に入る前に、そのつぎにふれておくべきなのは、トラブルを取り上げる姿勢、解決方向を考える姿勢のことです。この話がなく

各論に入ると、ただトラブル例として５〜６の実例を取り上げたにとどまることになり、ほかのトラブルについての応用というか、ひろがりというかに当たるものが得られないように思われます。そのため、「取り上げる姿勢、態度」について考えておくことが重要です。

どのトラブルに対応する場合でも共通の注意事項として、まず、**事実を正確につかむことが、たいへん重要です**。そのために、理事会としては、結論や回答を急がず、必要なことは聞き直したり、再質問したりして、事実を確定することが求められます。トラブルにたいする対応にあたっては、理事会に蓄積された経験や知識、実例などを総動員して対応するしかないことは確かです。ただ「経験」についてはあまりこだわらず、トラブルの背景や、相談者の気持ちなどもよく勘案して、考え抜いたアドバイスが求められます。問題が提起されると、時間の関係もあって、どうしても事実関係をじっくり聞くというより、すぐ自分の知識にもとづいて説明を始めてしまう人が多いですが、注意する必要があります。聞けば聞くほど正確な対応につながるものです。相談者の発言のなかに解決のヒントが隠されていることが多いということを、よく心して臨むことが求められます。

またトラブルの内容によっては、即答できないようなむずかしい問題の場合もあります。そのときは、すぐに対応せず、内容をよく聞くだけにして、後日回答・対応するということにする場合もあることも選択肢に入れておいてください。そして、いろいろ調べてみる、専門家に聞いてみる、理事の何人かでどういう回答をすべきか相談してみる、などの手段を講じたうえで対応してください。そのほうが、相談者にたいして真面目に誠実に対応しているわけで、相

手も、そういう態度を理解してくれるでしょう。

　つぎに感情におぼれないことです。なによりも大切なのは、区分所有法などの法律と管理規約、使用細則、総会の決定など、法律と管理組合として持っているすべての内部基準を基礎において判断することです。これが第一の基準です。こういう基準をもとに判断していることをトラブルの両当事者によく理解してもらえれば、納得されやすいことにもなります。

　そのうえで、理事会としては、紛争当事者が知人であってもなくても区別せず、私情にとらわれないで、この基準にしっかりと立ち返って判断することが重要です。そのさい、誰にでも平等である態度をしめすことが、とくに求められます。もちろん、だからといって、相手の状況も考えないで機械的に対応することもまた誤りです。病気など、相談する側に特別の事情があって、そのことを考慮して特別に対応しなければならないこともあり、その点の配慮も欠けてはならないと思います。

　トラブルは、最初にものべたように、何一つとしてまったく同一のものはありません。事実をよくみて、よく考え、相手の状況を考慮し、「人を見て法を説け」ということわざもあるように、発言一つにも気をつかって、機械的でなく柔軟に対処することが求められます。

　ある入門書（『マンションの理事になったらこの1冊』＝自由国民社、2010年）は、「『大岡裁き』こそがトラブル解決の決め手‼」として、その典型が「三方一両損」であるとしています。これは卓見だと思います。当事者のだれもが納得のいくような解決、平等になるような解決がもっとも望ましいことはいうまでもありません。

三方一両損は、全員が平等に「損をする」解決ですが、もっとすすんでだれもが得をする「ウイン、ウイン」の解決こそ理想といえます。江戸時代の「大岡裁き」がいまでももてはやされるのは、その当時通用していた「法」的な基準にそれなりにもとづきながら、同時にそれを十分に生かした庶民に情けある解決方法となっているところにあります。

ただ、トラブルのなかには、明らかに一方の思い込み、無理難題というのがあります。トラブルの仲裁は、必ずしも両者の言い分の中をとればいいというものではありません。事実をよく聞く、よく調べることがどうしても必要です。「どちらの立場にも立たず」とか「両方の言い分をよく考慮して」とかいうことにあまりとらわれると、まったくの被害者の側に迷惑をかけることにもなりかねないことになります。一方のみに非があるときには、規約や細則にもとづいて、断固として一方が悪いという断を下すことが必要です。悪を暴露し、見事に裁くのも「大岡裁き」のもう一面であるということを忘れないようにしたいものです。

なお、一般的にいえば、大抵の問題はよく考えれば何らかの解決手段はあるものです。しかし、なかには解決不能の問題、すぐ着手できず一定の時間的経過を待ったほうがいいものもあります。それらは、無理をしないで、はっきりと「当方としては、現在の段階では解決手段がない」とか「少し時間をかけて考えたい」などの見方を正直にしめすべきだと思います。よく分からないのに分かったような顔をして、あいまいな回答をしたために、理事会もまた当事者の一員になって騒ぎに巻き込まれたりして、かえって事態を混乱させるような事態は避けるほうが、相手のためにもなるものです。

理事会などの会議で、集団で検討したり、書籍などでしらべても、どうにもよく分からない場合、どこに相談したらよいかという問題がでてきます。

　その場合、専門家に相談をするわけですが、どんなことでもたちどころに解決するなどという全分野を一手に引き受ける専門家などは、どこにもいません。それぞれ専門の分野、得意の分野があるわけで、それを見分けるのもけっこう難しいことです。

　一般的にいえば、マンション管理士がマンション問題のすべてをカバーしているようにみえますが、この資格制度のつくられ方や現状からいって、ちょっとしたマンション相談に応じられるマンション管理士といえども、そう多くはありません。複雑なトラブルとなれば、まず弁護士か、認定司法書士などに相談にいくのがいちばんいいでしょう。建築の問題、電気や水道の設備の問題などの技術にかかわる問題でのトラブルでは、一級建築士など、その分野の専門家を頼ったほうがいいかもしれません。

　なお、どの分野の専門家に相談した場合にも、最終的に結論を決めるのは、管理組合（理事会）自身だということを忘れないようにしておいてください。時々、管理組合の総会などで重要な方針の決定の根拠を聞かれて「これこれの専門家が言っている」というだけの答弁をする理事長がいるようですが、これでは回答になりません。「専門家がこう言っているが、これにはこういう根拠があり、理事会はこの立場からこの専門家の判断が適切だと判断した」と、理事会として判断した根拠をのべなければなりません。とくに、一般的には専門家の判断は役に立ちますが、時として専門家の判断が絶対に正しいわけではないということは、心得ておいてください。専門家にも得意分野と不得意分野があり、一級建築士なら建築のすべて

についてなんでも即答できるということはありません。さらに、専門家といえどもとんでもない思い込みで見当違いの回答をすることもあります。また、理事会側の説明が不十分で、重要な事実が伝えられていなかったりして、正しい回答に結びつかない場合もあります。専門家のほうが、素人である理事会のメンバーがよく分かるように説明して、一般の理事が常識からみてもなるほどと納得できてはじめて、専門家の助言や回答を採用できるのだと考えます。

第4節　トラブルの実例と対応

　トラブルは、最初にのべたように、水漏れ、騒音、ペットの問題が多数をしめます。
　したがって、ここで取り上げるテーマは、おおよそ、①水漏れなど、②騒音関係（生活音、フローリングと専有部分の工事騒音、ピアノなどの演奏、集まって騒ぐなどの行為）、③ペット飼育、④違法駐車やベランダの違法使用など特定の組合員の問題行為、⑤滞納などで紛争になっている問題、の5つを中心にしたいと思います。

　ここでは、これらのトラブルの個々の例をそのままのべるのではなく、同種のトラブルへの応用を考慮し、それぞれのトラブルの類型をしめし、ひろく解決できる方向づけをしておきます。

　水漏れ、雨漏り　雨漏りは、主として建物そのものに原因があることなので、管理組合の責任で解決すべきものです。したがって、ここでいうトラブルではなく、申し出があったら、ただちに理事会

として調査し、対策にとりかかるということでなくてはなりません。

　水漏れのうち、給水管、排水管の水漏れは、その管が専有部分であるか共用部分であるかによって、対応が変わってきます。専有部分の場合は、上下の住宅の間で解決してもらうべきもので、管理組合としては、その旨をよく当事者に説明して、当事者間の解決にゆだねるべきです。ただ、管理組合のかけている共用部分の保険が適用できる場合があるかもしれませんから、その点も調べてください。

　また配管は複雑で、上の階の排水管が下の階の住戸の専有部分を通っている場合もあり（この場合は共用部分となる）、簡単に当事者同士で、といえないこともありますから、管理組合でよく調べる必要があります。専有部分にあって、共用部分でないとされているものでも、その原因や設置個所によっては、管理組合が対応するべきものもあり、よく検討する必要があります。

　洗濯機やふろ場の水漏れや止水栓の締め忘れなどによる区分所有者責任の水漏れは、管理組合は基本的に関与せず、当事者同士で解決してもらうことになります。こういう場合の対応のケースはよくありますから、対応のマニュアルのようなものを作成しておくといいと思われます。

　騒音（生活音、工事騒音など）　騒音のなかでもフローリングに起因する音やピアノやバイオリンの演奏の音など、生活音のトラブルがいちばん多いと集計されています。基本的には区分所有者同士の紛争ですが、その背景に建物そのものの欠陥、あるいは使用細則の不十分さなど、管理組合側が問題に対応するうえでの不備などもある場合があります。できるだけ細則で、疑問の余地のないようにしておく必要があります。

「ピアノ殺人」などの悲惨な例があるように、この問題はこじれるときわめて重大な結果に発展するおそれがあります。事件までいかなくても、近所同士で長年反目しあったり、これが原因で転居にいたる例も少なからずあります。また、住人やその友人などが集まって夜間に飲んで騒いだりする例も相当多くあります。

　フローリングなどでは、リフォーム工事のさいの許可基準などが細則で決められているところも多いと思いますが、管理組合で決めてある基準を順守させるようにしてください。なお、遮音の基準については従来の「推定L値」はすでに廃止されて、新基準（ΔL基準）に変わっていますが、あまり普及していませんので、従来の基準のままとなっているところが多いと思われます。あなたの管理組合では細則がどうなっているか、改めて確認しておいてください。細則に明確に違反しておれば、工事のやり直しやフローリングの撤去もできます。

　こうした問題は、明確に細則に反している場合は理事会が介入しやすいのですが、そこまでいかない場合でも、「被害者」がつよく被害を訴えたりすることがあります。面倒なのは、騒音については、人によって感覚の差もあり、また日ごろの付き合いがよいかどうかで「被害」と感じたり感じなかったりするということもあり、理事会がタッチすべきなのか、しないほうがいいのかは、いろいろな側面から慎重に検討する必要があると思われます。工事が細則に違反していなかったり、定めがなかったりするときには、原則として理事会は関与できないと思われます。理事会が関与できないと判断したら、当事者で解決する問題だとはっきりいわないといけません。このへんは、とくに強調しておきたい問題です。

　なお、騒音のトラブルは訴訟になる例も相当ありますが、音につ

いての感覚は主観的なものが多いので、騒音の差し止めや損害賠償の成立する可能性はあまり高くはありません。そのうえ、判決が出ても当事者間の反目がなくなるわけではありませんので、訴訟が適切かどうかは十分考慮してからおこなうべきでしょう。

　近隣のつきあい関係が密接なところでは、「いまピアノを弾いているのはＡさんの娘さんだ」と分かっていると、トラブルにもなりにくいものです。コミュニケーションがよくとれておれば、仮に苦情をいうにしても、穏やかに譲り合う可能性もあり、細則の基準だけで云々するより、よほどうまくいくのではないでしょうか。

　工事騒音については、共用部分の工事と専有部分の工事の２種類があります。共用部分の工事については管理組合の責任であり、きちんと対処する必要があります。専有部分の工事については使用細則のなかに届け出や許可についての規定があるはずですから、それにしたがって届出の有無や工事時間の順守状況をみて対応すればよいと思われます。どちらの工事の場合も、工事時間は午前９時から午後５時までというように、明確に限定しておくことが必要でしょう。

　ペット飼育　ペットのことはふつう、犬と猫について議論されますが、マンションでも実際にはいろいろなペットが飼われています。いわゆるペット禁止のところでも、「小鳥と魚類は別」として許されているようです。昔の日本住宅公団（今はＵＲ都市機構）は、賃貸住宅をふくめて、鳥かごや水槽で飼育される小鳥と魚類だけは飼育を認められていました（いまもほとんどが同じ）。それでは同じような条件で飼育されるハムスターや亀はどうかなどといいだすと基準があいまいになります。このあたりは、できるだけどんな場合

にも対応できるよう、規定の文章を工夫する必要があります。

また「他人に迷惑をかけるようなペットは禁止」という規約のところもありますが、これは禁止条件があってないような基準なので、厳密には禁止とはいえないことになります。

さらに「犬猫の飼育は届け出れば、1戸1匹（2匹）まで、体長55㌢まではよい」などの規約と細則をもっているところもあります。しかしこの場合も、成長して55㌢を超えたらどうするかなど難問があります。これらも「成犬の最大寸法が通常55㌢を超えないもの」など、できるだけ全体をカバーできて、しかも一定の幅のある規定が求められます。

なお、盲導犬、聴導犬など障害者の機能を補助する犬は、いわゆるペットではなく、どんな場合も禁止してはならないことはいうまでもありません。

ペット問題は複雑なのですが、単純化して一般論とすれば、以下のようなことになると思われます。

問題の大多数は、ペット禁止の規約のある管理組合での問題です。たいていは禁止をかいくぐって飼育している住戸が何％かはあります。まったくペットがいないというマンションは少ないのではないでしょうか。飼育禁止の場合の一律的解決はむずかしく、厳しくのぞんで飼育を見つけたらすぐ訴訟に持ち込んでも止めさせるか、それともある程度柔軟に対応するかなどについては、居住者（管理組合員）の意向次第だという面もあり、定型的な解決策はないといってよいと思われます。

逆に、ペットを許可している管理組合は、たいてい細則がありますから、その基準にたってことがらを解決すればよいことになりま

す。また、規約があいまいであれば、組合員の総意で（総会で）細則を定めたり、規約の解釈を確定させたりすればよいわけです。

　マンション管理に関する多くの文献は、ペット禁止の規約のある場合にも、禁止条項を振り回して厳格な措置をとるのではなく、柔軟に対応するのがよいと説明しています。一代限りは認めるとか、ペットクラブをつくって解禁方向の手続きを検討してもらうなどいろいろな方策が提示されているのがふつうです。それらは規約からみれば「違反内容の許容」であるともいえますが、規約の「緩和」が総会で確認された場合には、それでいいとする判例もあります。これは規約に反した実例を推奨しているように思われますので、それでいいかどうか、問題が残ります。

　しかし、規約の章でもみたように、マンションの管理組合は、非常に広い範囲の自治権をもっているのですから、要は組合員の圧倒的多数が納得していればいいわけです。したがって、ペット禁止の規約をもつ管理組合で、規約どおり厳格に対応して、場合によっては飼育者に裁判もして飼育を止めさせるか、それともある程度柔軟に対応して、注意程度にとどめておくか、その中間的な態度をとるか、ということは執行部だけで独走せず、管理組合内部でのひろい討論の結果に任せるしかないと思います。

　ただ基準として、規約で決めてあれば、それを改正するまでは、管理組合内の規範としては間違いなく通用しているということだけは、管理組合員のなかで承知をしておいてもらわないといけないと思われます。

　なお、裁判所は、ペット問題ではその管理組合の管理規約（や細則）でどのように規定しているかを基準に判断します。裁判所が、それから離れて、そもそもマンションでペットを飼育することがい

いかどうかという判断については、おこないません。最近の新築マンションではペットの飼育を認めている場合が多くなっており、裁判のなかでは、そもそもマンションでのペットの飼育を禁止すること自体が許されないという主張を展開している場合もあります。こういう見解を強調している弁護士もいるようです

違法駐車やベランダの違法使用など特定の組合員の問題行為

　ここでは違法駐車、違法駐輪やベランダの不法使用などマンションで多い違法行為にともなうトラブルと、管理組合のいうことはいっさい聞かないが権利だけは主張するいわゆる「フリーライダー」の問題などにふれます。

　違法駐車は、団地など比較的敷地（土地）の広いマンションの問題です。駐車場不足などによる夜間の違法駐車は、悩んでいるところも多く、管理組合による一定の取り締まりが必要です。日中のやや長時間の駐車は、なかなか取り締まりがむずかしいものですが、リフォーム工事などでの駐車は一定の許可基準のようなものを決めて対応するのが望ましいでしょう。基準を決めれば、管理会社の管理員がいる場合、管理員をつうじて対応できます。

　自転車については、郊外型のマンションや団地の場合、駐輪場にあふれるほどの数になります。対策は、登録制（有料）にして、年に１回ぐらいは、整理をすることです。登録していない自転車（登録漏れというより、マンションに持ち主のいない自転車、誰かが乗ってきて放置する！）が結構多いものです。整理は、登録されない自転車を「粗大ゴミ」で出す、回収業者に渡すなどですが、「遺失物法」との関係で勝手にはできない面があるので、地元の警察署に相談のうえおこなうことがいいでしょう。

つぎはベランダの違法使用です。使用細則などで、ベランダを改装することや、物置やフラワーボックスなどを置くことは禁止するとの規定があると思います。これにしたがって処理してください。ゴミなどを放置している住戸もあり、広報紙などで一般的な注意をすることもいいでしょう。

　最近では、家族から住戸のなかでの喫煙を禁止され、ベランダで喫煙する人を見かけるようになりました。今度は上階でタバコの煙害が発生するわけです。裁判になった例もあります。ここまでは使用細則にないかもしれませんが、迷惑行為ですので、これも一般的に自粛を願うことになります。

　なお、クレーマーというと決めつけるようで、よくないかもしれませんが、ことごとに管理事務所に文句をいってきたり、総会の場で理事会を非難するような人がいます。こういう場合も、個々のケースをきちんと検討し、根拠のある話があれば、それはそれとして正面から対応するのが望ましいのです。総会などで、細かい話をつぎつぎにのべる場合には、総会参加者の気分にあうような形で、話を打ち切ってご遠慮ねがうことが肝心です。

　トラブル問題と少し違うかもしれませんが、「フリーライダー」の問題があります。これは、管理組合の行事や管理組合からお願いした事項にいっさい協力しないが、権利や利益だけはちゃっかり自分のものにする人のことをいいます。

　このような場合には、なにか罰則できびしく対応するより、説得やまわりから協力せざるをえないようにもっていく努力が必要で、いわゆる「太陽政策」でのぞむことがいいと思われます。

滞納など金銭問題　管理費や修繕積立金などの滞納一般について

は、大体において３〜４カ月程度までの滞納は、管理会社が請求などの必要な措置をします。管理業務の委託契約でそのようになっているはずです。しかし、一定期間をすぎると管理組合自身で処理するという形に戻ってきます。理事会などでは、最後まで管理会社で面倒をみてほしいと思う人が多いと思いますが、これは法律で滞納など「債権回収」を代理でおこなうことは弁護士など特定の資格を持った人しかできないという制約があって、やむをえないことです。また管理費などの収納問題というのは、管理組合にとっては基本的業務の一つといってよい重要な問題ですから、ほかに任せっきりにせず、理事会で強い関心を持って対応するのは望ましいことです。

　そこで、滞納が６カ月以上ぐらいになると、管理組合として少額訴訟をおこなうなどの法的手続きが、一般に推奨されています。ただ、費用の問題があり、管理組合が担当の理事や事務局などで対応できる場合は別ですが、専門家に依頼するとなると費用倒れになるおそれもあります。管理組合の目的からいって、弁護士をたてるなどして裁判をやり、あくまでも筋を通すか、費用対効果を重視して一定期間あるいは一定金額までは訴訟を延ばすとか、個々の対応は、その管理組合の考え方ですから、それぞれで検討してみてください。

　管理組合の滞納問題への対応は、一応きちんとした処理規定をたてておくのがいいと思われます。そのなかで、理事会の担当者が滞納者本人と面会するかどうか、会う場合の話の内容（たとえば、経済的事情の滞納者と管理組合との見解の相違であえて払わない場合の対応には、差異をつけてもいい。たとえば、前者には延納や分割払いを認めるが、後者にはすみやかに訴訟などの手段をとる）などを決めておく、などです。

　また、競売の場合には滞納額を申告しますが、登記されている債

権のほうが優先されて、実際に配当される可能性はあまりありません。落札後の新しい持ち主も、管理費と修繕積立金については支払義務がありますので、新しい持ち主に請求するほうが現実的であります。

COLUMN
「ノーサイド」

　私はあなたの意見には反対だが、あなたがそれを主張する権利は命をかけて守る。論争相手の人格と権利を尊重するこの言葉は、民主主義の究極をしめしている。この名言は、フランスの哲学者ヴォルテールのものとされているが、実は著作には見当たらず、本当に本人が語ったものかどうかは分からないそうだ。

　どの組織においても、構成員の間で、運営方針の違いや考え方の相違が出てくるのは当然である。そのさい、穏やかに話し合うばあいもあれば、はげしく議論し合うケースもある。議論が激化しても、それはそれぞれの人の真剣さの表れでもあり、そのこと自体は何の問題もない。しかし、議論が終わり、一定の結論が出れば、それはそれとしてノーサイドだ。サッカーやラグビーのゲーム終了後、激しく争っていた相手チームの選手と、握手し、抱き合い、互いのユニホームを交換し合う場面は、テレビでおなじみのものだ。

　樹木を切るかどうか、植栽を取り除いて駐車場にするかどうか、日常生活への影響がかかっているから議論が真剣になるのは当然だ。しかし、そもそも議論することは、討議後の採決結果に従うという前提があるはずだ。それがフェアプレーの精神だ。

　だから、議論が終われば、日常のつきあいが復活するはずだ。ところが、哲人のさとりのないわれわれは、議論を始めると、細かな方針の違いだけなのに、人間関係の対立にまで発展することも珍しくない。

　マンションの世界というのは、上下関係は建物の階の上と下だけだ。他はまったくフラットな人間関係の世界だ。大抵のマンションは、間取りさえ隣近所と同じだというのが、通例である。隣の家がどんな造りになっているか、秘密などないわけだ。もともとは、まさに気兼ねなくつきあえる望ましい環境である。必要なときには論争するが、日常の関係では仲良くつきあう。討議、熟議はつづけても、トラブルにならないで済む日常的なつきあい方の方法にもっともっと習熟していきたいものだと思う。

第8章
(対談)
マンションの
コミュニティ

2012年夏、マンションのコミュニティについて、突然のように、論議が巻き起こった。2012年1月に国土交通省が設置した「マンションの新たな管理ルールに関する検討会」で、一部委員が、標準管理規約に規定されているマンションのコミュニティに関する条項（第27条第10号及び第32条第15号）を削除すべきだと主張してからである。マンションの管理組合は、マンションという財産の管理をおこなうのが目的であって、コミュニティについては自治会の役割である、と。これについて、日住協は2012年12月に、広報紙「アメニティ」およびホームページ上で、批判を展開した。

　また、一般社団法人高層住宅管理業協会（2013年4月から、マンション管理業協会と名称変更）は、コミュニティ条項の削除に反対の主張を表明、3月22日には、東京で、高管協が学者、専門家などに委嘱して設置した「マンション長寿命化協議会」がマンション・コミュニティについて、シンポジウムを開催した。玉田弘毅・明治大学名誉教授が、基調講演して問題の所在を明らかにするなどしている。

　マンション管理組合団体の全国マンション管理組合連合会（全管連）の加盟団体のうち、京滋管対協、かながわマンション管理組合ネットワークも、コミュニティ条項削除に、反対を表明した。

　※「検討会」は2012年8月の会議以来、2年半にわたって正式会議を中断するという異例の展開をみせた後、2015年2月、3月と会議を開催。3月の会議では報告書案（パブリックコメント素案をふくむ）を確認した。そこでは上記の「コミュニティ条項」を標準管理規約から削除することを提案している。以下の対談は2014年に行われたものだが、コミュニティ問題についての見解や検討会の姿勢への批判の考え方は基本的には変わらないので、そのまま掲載する。

標準管理規約からコミュニティ規定の削除をねらう動きに強く反対する　国交省が１月に設置した「マンションの新たな管理ルールに関する検討会」で、座長の福井秀夫政策研究大学院大学教授などが、管理組合は財産管理団体だから標準管理規約の業務から「コミュニティ形成」の部分を削除せよと強硬に主張している。

　管理組合が財産管理団体であることは、区分所有法が定めている通りである。しかし、マンション管理組合は単なる財産団体ではない。マンションは、何よりも区分所有者を中心とする人々がそこに住み、暮らしを営みながら、人間関係をつくりあげ、地域の共同社会（つまりコミュニティ）を形成している。管理組合による共有財産等の管理も、区分所有者が相互の住みよい居住関係のなかで行なっているのである。

　現にそのことは、区分所有法自身が、ペットの飼育の可否や居住以外の住宅使用の範囲などをはじめ、専有部分の使用による区分所有者相互間の生活上の指針を規約や使用細則で決めることを予定した条文をもっている。住生活上の環境整備には、建物の維持管理とともに、区分所有者間の良好なコミュニティの形成が、不可欠である。

　また、コミュニティ形成とは、お祭りや餅つき大会だけではない。管理組合の基本的業務である総会、理事会、広報、区分所有者への連絡やアンケート活動、共同の清掃や草取り等々そのものがコミュニティを形成する要素である。それとともに、コミュニティ内の人間関係が密接であればあるほど、区分所有者間での合意形成が容易であって、管理組合の基本業務である「財産管理」に役立つ。

コミュニティ除外を求める論者は、自治会や町内会の活動と管理組合の活動とを対立させ、峻別しなければならないという。しかし、両者の活動は、いずれもマンション内の良い人間関係の形成をめざすものとして、分かちがたく結びついているものである。コミュニティ除外論者は経済的合理性の狭い見地からみて、マンションにおける居住者の生活やそこに必然的に発生する人間関係の如何が、居住環境の良否に決定的な影響をもつことを見ようともしない。それでは、肝心の財産管理そのものさえがうまくいくはずがない。

　ＮＰＯ日住協は、この見地から、いま、すすめられようとしている「コミュニティ形成」業務を標準管理規約から除こうとする動きに対して、強く反対しその動きを阻止するために全力をあげることをここに声明するものである。

平成24年11月12日

　　　　　特定非営利活動法人　日本住宅管理組合協議会

司会　マンションにコミュニティが欠かせないものであることは、常識とおもっていましたが、それを覆す主張を検討会の一部委員が言い出しました。それも、強硬です。マンション関連団体も、まさに常識外れの主張に、唖然といった状況です。自ら長く団地に住み、管理組合の理事長も経験して、管理組合活動を実践、団地、マンションのありかたについて洞察してきた日住協理事のAさんと、Bさんですが、マンションのコミュニティについて、改めて、お聞きしたい。

A理事　日住協は、旧日本住宅公団の首都圏にある分譲団地の管理組合が集まって結成されたこともあって、もともと、コミュ

ニティ的なものを内在させていました。30～40年前には、管理組合は建物の維持管理、コミュニティ活動は自治会という考えがありました。一部の管理組合のなかには、とくに自主管理の管理組合のなかに、自治会をつくる動きがあり、管理規約の中に「当自治会は管理組合の下に置かれる」とするなど、工夫しているところもありました。しかし、一般的には、管理組合とは別に、自治会をつくるという形ですね。したがって、管理組合のコミュニティ活動は、内部的には発展してこなかったという経緯があると思います。

そうした中で、管理組合には、コミュニティとは何かを考え、結論的には管理組合にとってコミュニティは不可欠であるということを、共同社会論的にも、歴史的にも展開しなければいけないと思いますね。

B理事 コミュニティは、一定の地域、共同社会を基礎にできているものです。その中に、いろいろな組織があるのではないか、というのがわたしの認識です。組織が先ではなく、コミュニティが先だったといえます。もともとマンションというのは、売り出されたマンションを買ったひとが集まってできあがる。人為的なものですが、いずれにせよ、共同社会ができあがります。

もう一つ、区分所有法にもありますが、管理組合が共有財産、建物、設備の維持管理を目的とする組織であることは、間違いありません。その組織を発展させ、さらに組織の運営を進めるうえで、コミュニティが十分に形成されていることを重視する理由があります。ここは、重要だと思います。

マンション管理にコミュニティは欠かせない

司会　「検討会」で、マンション管理は、財産の維持管理が目的である、コミュニティ活動は目的外だから、マンション標準管理規約から、コミュニティ形成を定めた条項を削除しろという暴論が出てきたのですが、どう見ていますか。

A理事　二つの点で、間違っていると思いますね。

　一つは、管理組合はマンションの建物の維持管理が目的ですが、それを達成するためには、コミュニティが充実していなければ、住民の生活上の合意ができないわけです。その意味で、建物の維持管理が目的だから、コミュニティはいらないというのは間違っています。管理組合は、建物の維持管理を目的とするが故に、コミュニティは欠かせないわけですね。

　もう一つは、コミュニティは自治会活動であるという断定も間違っています。コミュニティ活動は自治会活動であるなど、どこにも書いていない。この後者の問題は、「検討会」座長の福井秀夫氏がさらっと常識のようにいっているが間違っている。この２点は触れておきたい。

B理事　確かにそうですね。A理事の指摘するコミュニティのこと、管理組合目的のことで、具体的なことに触れたい。

共同社会の成立にマンションこそ最適

司会　団地に精通しているお二人です。なるべく具体的に話を進めましょう。

B理事　管理組合の主要な目的は、建物の維持管理にあるが、しか

し、管理組合自身が専有部分の使用について規則を作り、ピアノの演奏時間、ペットの飼い方などについて定めています。区分所有者の人間関係についても、規約や細則で規定しています。管理組合の管理の主要な部分である共用部分についても、維持管理だけでなく、広がりを持ってやらなければならない。それなのに、自治会、管理組合と分ける考え方はおかしいです。

A理事　そうですね。コミュニティは、生活する上での、いわば住まい方のルールを定めざるを得ません。そうでないと、共同性が維持できなくなるわけですから。管理組合は、建物の維持管理を目的としますが、そのためにも専有部分の住まい方のルールを定め、それを守らせるという意味で、わたしはマンション管理組合こそが、現代における共同生活を成り立たせる極めて適切な制度の枠組みであると積極的に言いたいですね。

B理事　わたしの住む団地は、自治会も管理組合も一緒にやるという理想を掲げ、実践していますが、地元の自治体は、管理組合を自治会として認めないというので、仕方がないが、自治会を作りましょうということになりました。しかし、自治会も管理組合も主たるメンバーは同じ顔ぶれです。同じなんだからと、管理組合のほうに、居住者の組織を取り込もうということになりました。管理組合の中に、街区班という組織があって、規約にも盛り込んでいます。管理規約には、街区班は居住者からなる、と書いています。ほとんど一体となって活動しています。

A理事　対自治体向けの対応だったのですね。

B理事　主たるメンバーが同じですから、意見も同じようになります。自治会も管理組合も協力し合って、コミュニティを作り上げようということですね。

A理事　基本的な考え方は一緒ですね。千葉県八千代市にある旧公団分譲のある管理組合法人は、自治会の規約に、当自治会は管理組合の下に置かれると位置づけが書いてあります。執行部も管理組合の理事で同じ人がやっています。そうでないと、自治会と管理組合の責任者が違った場合、双方が対立することがでてきますね。自治会長と管理組合理事長が同一で、双方が対立することを回避していますね。

B理事　住戸を貸している場合は、自治会費は二人分となるのですか。

A理事　賃借人（占有者）は、区分所有者の代理人として自治会メンバーとなる。

B理事　うちの場合は、居住者だけが、街区班のメンバーになります。

A理事　区分所有者は管理費を払っています。占有者は当然管理費は負担しませんが、区分所有者にかわって活動するわけですね。行政との関係では、自治会を名乗っているから、自治体は自治会として対処していますね。

B理事　うちは、管理組合の集会所を増築する場合、自治会の名前で工事を実施しています。共用部分になりますが、自治体はそのことを知っていますが、何も言ってきませんね。

A理事　千葉市、浦安市なども、管理組合は地域コミュニティとして認識して、補助金として1戸100円とか200円を出しています。管理組合の名前でも、対応している自治体が増えてい

ますね。ますます管理組合一元論でゆく時代が来ると思いますね。

コミュニティ形成に、規模の区別はない

司会 リゾートマンションや、単身者が住むことがほとんどの投資型マンションを視野に入れて論議しますか。

B理事 いや、リゾートマンション、投資型マンションについては、コミュニティという点では、成立していないところがほとんどではないか、とみています。

A理事 ファミリー型マンションを中心に考えていいと思います。街中に100戸のマンションがあれば、単体として100戸のコミュニティが成立しますね。これは、管理組合のコミュニティとして、行政も位置づけるべきだと思いますね。既存の一戸建ての町内会に、この100戸のマンション管理組合が加入することはありますが、これはコミュニティとしては、うまくゆかないと思いますね。マンションにおける生活者の意識が、どうしても一戸建ての意識とは違うのではないでしょうか。マンションは単体でやった方がいいのではと考えますね。

B理事 そうですかね。コミュニティ論としては、100戸でも、10戸、20戸でもコミュニティとしては成立しています。自治会活動も、マンション単位でやるかどうかにこだわらなくてもいいと思いますね。

　昨年7月に、豊島区でマンション管理推進条例が施行され、話題になりましたが、マンション、戸建てが集まって一緒にやることはありえます。豊島区長が一緒にやるよう要望

していますが、理由はあると思う。マンションも地域の町内会に入って欲しいというのはわかりますね。その場合、10戸、20戸のマンションが400、500集まって、一つの自治会ができて、重層的になることはありうるわけですね。

A理事　豊島区は、地域の末端のコミュニティも取り込んでという政策のようですが、その場合、何を媒介にしてコミュニティを成立させるかというものがないと難しいかな。

B理事　豊島区のいうワンルームマンションは、マンション適正化法でいうマンションではなく、借家みたいなものです。一棟全部を借家にしているものもある。ファミリーマンションは、たとえ10戸でも、コミュニティが成立しているから、話が違うのですね。豊島区ではないが、自治体によってはある特定の自治会、町内会を認めないという政策をとっている。ある地域の戸建てを中心とする100世帯の町内会に、マンションが5つくらいあってもこの中に入れさせない。マンション自治会も認めない。これはよくないですね。重層的なものを認めるなら、10世帯のマンションができたら、マンション住民自治会を認めるべきです。

A理事　旧住宅公団分譲マンションで、一戸建ても一緒に分譲したところがあります。マンション管理組合の自治会に入れて、一戸建てと一緒に自治会活動をやってきて、苦労してきましたが、自治体は、一戸建ても自治会に入れないと自治会として認めないケースがありますね。

B理事　話は違いますが、あるマンションが建て替えをやるとして、隣の一戸建てと共同で建て替えをやることはあります。地域のむすびつきが日常的にあって、建て替えがうまくいったこ

ともあります。町内会とマンションをあんまり分けない方がいいというのが私の考えですね。

A理事 100戸くらいの単棟型マンションがあって、そこだけで管理組合があり、自治会もあり、地域コミュニティとしての町内会をつくり、市が認定するとします。もう少し、広い範囲でいえば、その管理組合、自治会が地域町内会と有機的に協議したり、活動する。これは大事な地域活動ですね。

COLUMN

「管理組合を地域コミュニティとして扱う自治体広まる」

　現在、マンション管理における「コミュニティ条項」をめぐって大きな議論が起きているが、こうしたなかで千葉市が 2014 年 4 月から「管理組合を自治会と同様に取り扱う」としたということが注目される。

　『マンション管理新聞』（918 号）によると、千葉市は従来の管理組合と自治会との間に一線を画すという方針を改め、今後は一定の条件を備える管理組合については、これを自治会と同じ「地域団体」としてみなすことにしたということである。その理由として千葉市は、「管理組合と自治会が並存しているマンションへの負担軽減」をあげている。すなわち、管理組合役員の担い手不足が言われている昨今であるが、その問題は自治会でも同様であり、こうしたなかでは一つのマンションにおいて、管理組合と自治会の二つの組織をつくり、それぞれの役員を選出するのは負担が大きすぎるので、管理組合という一つの組織において「地域コミュニティ」活動を行うということが適切であろうというわけである。合理的判断と言えよう。

　なお、「一定の条件」というのは、管理組合規約に「コミュニティ形成」条項が記載されているということである。つまり、市は標準管理規約の「コミュニティ条項」を積極的に捉え、これをもって管理組合の「地域団体」性を担保するという考えで、ここでは「コミュニティ条項」は有意な役割を果たしている。同紙は、管理組合を「地域団体」として取り扱っている各市の条件についても調べ、そこでは、規約第 1 条での「良好な住宅環境を確保‥」、第 32 条の「十一　官公署、町内会等との渉外業務」等があげられている。なかには「規約の中身までは確認していない」ところもあるという。

　結局、管理組合と自治会との「線引き」議論は意味がなく、むしろ管理組合を自治会と同じ土俵にあげることにより、コミュニティ議論を深めていくことが重要と考えられる。その意味で、千葉市の方針転換を契機に、さらに多くの自治体が管理組合を地域コミュニティとして位置づけていくことを期待したい。

第9章

（対談）

理事会・理事長方式と第三者管理

1962年（昭和37年）に民法の特別法として区分所有法が成立した。マンション、団地を運営する主体である管理組合の名称は、区分所有法のどこにも書かれていなかった（1983年（昭和58年）の改正で、法人については管理組合法人と規定されたが）。
　しかし、現実にはほとんどのマンションに「管理組合」ができ、理事会が置かれ、理事長が選出された。理事会・理事長方式である。ほぼ半世紀の歴史を数え、マンション、団地を管理するもっとも民主的な仕組みとして定着してきた。理事長は、区分所有法に規定された管理者とされた。45年前、首都圏にある日本住宅公団の分譲住宅の管理組合が集まって、共通の問題を解決する目的で分譲住宅管理組合協議会（分住協、日住協の前身）が設立されたが、どの団地も理事長・理事会方式を管理の主体とした。
　2005年に、大手・中堅の管理会社の組織である高層住宅管理業協会（2013年4月、マンション管理業協会と改称）が、第三者管理方式を調査・研究したが、管理を受託する管理会社が管理者になることの問題を整理するむずかしさなどから、推進に踏み切るまでにいたらなかった。その後、2007年に、国土交通省が財団法人マンション管理センターに、第三者管理方式について調査を委託、委員会を立ち上げ、学者、研究者、マンション管理組合団体代表などが参加した。しかし、方向性は出ないまま、中間報告を出しただけで解散した。
　こうした経緯を経て、2012年1月、国土交通省が「マンションの新たな管理ルールに関する検討会」（座長・福井秀夫・政策研究大学院大学教授）を設け、マンション管理にかかわる課題を検討し始めたが、その中心は第三者管理方式の議論となった。検討会審議の後半、2012年夏、突然のようにマンション標準管理規約第27条

及び第32条の「地域コミュニティにも配慮した居住者間のコミュニティ形成」の条項を削除すべしという強硬な主張が展開されたが、議論の主な論点は、第三者管理方式の具体的手法であったといえる。国土交通省側から、外部の専門家導入の５つものパターンが示されるなど、あたかも管理組合の実情に合わせ、導入を勧めるかのごとくの提示だった。

※管理方式の問題についても、「検討会」は2015年３月の報告書案（パブリックコメント素案をふくむ）のなかで、「外部専門家の活用」を三方式にまとめ、提案している。そこでは「第三者管理」の用語を「外部専門家の活用」と言い換えているが、問題の本質は同様で、変わっていない。そこで、この章の対談についても、2014年に行ったものを基本に掲載する。

　こうした動きを受けて、推進者の意図はなにか、そもそも第三者管理方式の必要性があるのか、制度は合理的か、外部の専門家とはどのような資格、資質を要するのか、また、今日、真のマンション管理に関する専門家は存在するのか、などの視点から日住協の二人の理事に話し合ってもらった。

偏った「検討会」メンバー

司会　「検討会」の人選には、マンション関係団体から、変わった人選だ、いつもの常連の学者や弁護士が外されているのはなぜか、という声があがりました。消費者団体でもあるマンション管理組合団体の全国マンション管理組合連合会（全管連）も呼ばれませんでした。

B理事　国交省の検討会の議論について、第１回から、９回まで議

事録を詳細に読んだのですが、あたかも管理組合が無能力者であるかのごとき議論が展開されています。区分所有法、そしてマンション標準管理規約が定められて以来、多くの管理組合の実践の積み重ねの上に立って、学者、法律家、管理組合団体などが真剣に研究、議論し、論文を発表してきましたが、こうした実績、成果をまるごと否定する乱暴な議論を展開する学者がいました。こうした学者を招集し、粗雑で、的外れの議論を許した国交省の責任は重いと言わざるを得ませんね。

A理事　その通りだと思います。マンション管理に真摯に取り組んできた人たちに水をぶっかけるようなものです。しかも、座長はじめ委員のうち、3、4名はマンション管理の海外事情を調査するとして2012年と2013年にヨーロッパ、アメリカ、オーストラリアに派遣されている。海外事情を調査することは否定しませんが、日本のマンション管理はすでに独自性を持っているわけで、もう文化ですよ。いまさら海外事情がこうだからと、日本の文化を否定するのはもってのほかです。

B理事　同感ですね。

当事者管理か外部専門家管理か

A理事　ところで、第三者管理方式を正確に定義したい。

B理事　大事なところです。専門家に主導権をとらせるのか、当事者たる区分所有者がとるのか、ですね。管理会社も部分的には専門家といえるし、現実に管理会社を使ってマンション管理をやってゆくのは通常の形ですね。その意味では、専門家

云々ではなく、どちらが主導権をとるかが問題だということじゃないですか。第三者管理と騒いでいる人たちは、専門家を入れ、制度化して、肝心の主人公である区分所有者については、モノを言わせない、モノをいう能力もないのだ、と決めつけているように見えますね。

A理事　私は「第三者管理者方式」（今度は「専門家の活用」と言い換えましたが）というのは、わが国でこれまで定着してきている「理事会・理事長管理方式」から、理事会を廃止した管理者による管理方式への転換であり、しかもその管理者を「専門家」という第三者にしようということだと理解しています。今回の検討会のメンバー選びは、国交省の意図が明瞭で、これまで第三者管理について論議に参加したメンバーなどは外されました。また、区分所有法、標準管理規約改正の論議に毎回参加していた弁護士、学者らのいわば常連のメンバーは、外されました。いつもの金太郎飴のようなメンバーを揃えていいのか、という一方の批判はありますが、マンション管理については、意外に新規参入の学者などは多くありません。これは、問題といえば問題ですが、現実です。

B理事　特徴的なのは、経済的合理性を貴ぶ人が中心なこと。マンションの建て替え、都市計画などには関与していたようですが、管理組合を株式会社のような見方でとらえていて、マンション管理を株式会社の論理と適合させようという人たちですね。ここに『マンション建替え』（日本評論社）という本があって、福井秀夫氏などが論文を書いています。「建て替えは過半数の賛成でやろう」などとこれまでの管理組合の常識を打ち破ろうとしています。管理組合のいうことなど聞か

ずに自由にやったらいいじゃないか、というようなことを展開していますね。

　管理組合をどう援助するかではなく、専門家を入れて変えていこうという意図が明らかですね。その完成形が、今度の検討会なのではないかとみています。管理組合に外部の専門家をどう関与させるかという点に目的があるとみています。

A理事　国交省は、昨年（2012年）1月に設置した検討会で、最初から外部の専門家を入れるという前提ですね。検討会の委員が一新されたことも併せて、明らかですね。これまでマンション標準管理規約を検討する委員会には、全管連を含め、ほぼ同じような団体、専門家が招集されていましたが、がらりと入れ替えたこと自体に意図的なものを感じますね。

（2012年のマンションの新たな管理ルールに関する検討会のメンバーの一覧は以下の通り。正規の委員、専門委員のほかは、オブザーバーとしての位置づけです）

座長　福井秀夫　政策研究大学院大学教授
委員　浅見泰司　東京大学大学院工学系研究科教授。安藤至大　日本大学大学院総合科学研究科准教授。村辻義信弁護士。吉田修平弁護士
専門委員　東要　特定非営利活動法人よこすかマンション管理組合ネットワーク監事。親泊哲　一般社団法人日本マンション管理士会連合会会長。川田邦則　㈱大京アステージ常務取締役。村裕太　三井不動産レジデンシャル㈱開発事業本部都市開発二部部長

オブザーバー　法務省民事局参事官室。東京都都市整備局住宅政策推進部マンション課。一般社団法人マンション管理業協会。一般社団法人不動産協会。公益財団法人マンション管理センター

なお、2015年2、3月の検討会メンバーは5人の委員は変わっていませんが、専門委員、オブザーバーについては大幅に変更されています。

管理組合は株式会社と同じか

B理事　安藤氏は、第3回の議事録によれば、こんなことを言っています。

　「委員の先生は車をお持ちと思いますが、車のメンテナンスは全部自分で適切に管理するべきなのでしょうか。すべての機械的な修繕は自分で、コンピューターのチップなどの管理も自分の所有物だったら、難しいところは専門家に任せるべきだと判断するひとがいてもいいし、車好きなひとは自分で全部管理されてもいいでしょう。所有者が管理するのが原則であるという、その原則という言葉の意味にもよりますが、表現が気になりました。（略）高管協さんは、現在、理事会方式が主流だから、専門家活用はやむを得ない場合に限る、と述べられていますが、大学のレポートで、学生がこのように書いたら、私だったら不可をつけると思います」、と言っています。

　しかし、事実はマンション管理では、水道の修理、立体駐車場の修繕などは当然、専門業者にやらせるわけです。管理組合がなんでもかんでも自分でやることはないわけです。

　また、別の委員がいっているように共働きで子供を幼稚園

に預けるように、マンション管理を第三者にみてもらう方がいいと言いたいのだろうが、専門家を入れて解決しろというのは、お金がかかる。それを管理組合が出すという。管理組合にそんなお金があるかどうかという意識は全然ないわけです。

　マンション管理における専門家、これが柱ですね。これを管理会社がやると利益相反になる、全部発注するのがよくない、ひとつひとつ発注しろなどといっている。

A理事　第三者管理を実践しておられる親泊哲氏（一般社団法人日本マンション管理士会連合会会長）によると、実際の第三者管理では、管理者として最初に管理組合に入るとき、最後の理事長と契約して、次年度からは総会で継続承認を受けるという形になると指摘しています。

B理事　検討会委員の中に、管理組合を株式会社と対比して検証している方がいます。一つは、株式会社では、株主は経営に係わらない、取締役は株主でなくてもいいとされている。その理屈で、管理組合も区分所有者がかかわらなくてもいい、理事長や監事にならなくてもいいのだ、という論理です。

　考えてみれば、株式会社は株主や取締役で成立しているのではなく、工場や販売店などがあってそれを担当の取締役が管理しているのであって、株主は本当の主人公ではない。常識から言えば、経営者と労働者が主人公ですね。管理組合はマンションが現場で、主人公の区分所有者が生活している。このように会社経営とマンション管理は全然違う。なのに、会社経営に似せてマンション管理をいうのはおかしい。

複雑で、現実性欠く、管理パターン

A理事 福井氏がアメリカ等で学んできた方法論を、日本におけるマンションの歴史、実態をどれほど知っておられるか知りませんが、彼の経済学的方法論を当てはめようとしているのではないか、と想像します。マンション管理については実態と合わないと思いますね。日本のマンション管理がどういう風に形成されてきたかをよく検証しないと、いわゆる専門家というものがいない中で、組合員がみな勉強しながら、営々とやってきたのです。途中から、管理会社が出てきて、主導することになった。しかし、管理会社はあくまでも管理業務を受託するのであって、従たる存在です。管理組合、理事会、理事長が主体ですね。福井氏らを、検討会に、国交省がなぜひっぱってきたのか、理解できませんね。

B理事 第三者管理の形態、パターンの議論に、第4回目くらいの検討会から入りますが、この辺から、分からなくなりますね。訴訟のときだけ、弁護士が管理者になるパターンがあるという、全然、現実性がない。パターンも検討会の度に、すこしずつ変わってくる。委員の意見を反映させたのかどうかですが、そんなに定見がなかったのですかね。

A理事 そうですね。何度も変わって、第8回の検討会でのパターンの説明で、一応終わっていますが、更に検討会が続けば、別のパターンが出現するのでしょうか。

司会 専門委員の中には、ほとんどの資料が当日渡されるので、読み込むのに精一杯だった、という声もあります。質問どころではない。標準管理規約に、多分コメントの部分でしょうが、

もし、あの複雑なパターンが入ってきたら、ものすごくやや こしくて、混乱のもとになりそうですね。

A理事　標準管理規約の改正の検討会ですからね、突然変異的に、こんなものが出てきたら、管理組合の現場が一番困ります。これまでの歴史的な積み重ねを壊しているのだから。国交省は、丁寧に説明する義務がありますね。

B理事　特に、マンション管理における専門家の活用については、検討会の中で一番、時間を割いて議論されています。一部委員が、とくに議論をリードしていると読み取れます。

A理事　マンション管理士が、国交省の議論でも想定されているようですね。ただ、マンション管理士の祢宜秀之氏が、日本マンション学会誌の「マンション学」45号に、面白い論文を書いています。マンション管理士法（仮称）の制定にあわせて、管理士に、長期滞納者への督促など一定の業務独占を行なえる資格として、「上級マンション管理士」の創設を提唱しています。上級マンション管理士の資格として、管理業者、管理組合団体、マンション管理士事務所のいずれかで、5年以上実務経験を持つ者などを挙げています。そういうひとであれば、管理組合に派遣されてもいい、と考える人が出てくるかもしれませんね。マンション管理士のありかたを考えるには、一つの参考になるかもしれませんがどうでしょう？

B理事　「上級資格」をつくって、「業務独占」をするなどは、反対ですね。

A理事　豊島区が2013年7月にマンション管理推進条例を施行して話題になっています。管理組合から管理について報告書の提出を義務づけて、提出がなく、区が督促しても提出しない場合には、勧告したうえで、管理組合の名前を公表するとい

う罰則がついています。豊島区はワンルームマンションが多く、いわば管理不全マンションが問題になっていることもあって、行政が一歩前に踏み出した。

　管理不全のマンションが増えて、外部居住区分所有者に任せておくのは、無責任になる、だから専門家に任せなさい、という狙いもあるのかな、とみています。

B理事　マンション管理などに詳しい梶浦恒男さん（大阪市立大学名誉教授）は、マンション管理は、日本では、ちゃんと運営されていると指摘しています。

　梶浦名誉教授の講演から。2007年、すまいとまちづくりコープが東京で開いた設立15周年の記念講演。

　「80年代の初めころ、マンションは素人の管理組合で管理はうまくゆかず、早晩、マンションはスラム化するだろうという「マンションスラム化論」がマスコミでいわれましたが、スラム化したかというと、わたしはそうはなっていないと思います。むしろ他のタイプの集合住宅と比べて、高い水準の管理をうみだしていると思います。こういう風になったのは、初めの人たちが考えていた心配をものともせず、管理組合に自治能力がけっこうあったということだと思います。

　管理組合の人たちは、わからないことがあっても自分たちの経験を考慮したり、勉強したりしながら成長してきて、管理をやってきているわけです。マンションの自治能力は捨てたものではない、というのが50年間をみた管理の結論というか、得られたことだと思います」（マンション管理新聞、2007年9月15日号）

A理事　われわれは、理事会・理事長方式が、この半世紀、普及して定着していると考えて、やっています。マンションが管理会社主導になると、理事会・理事長方式が、形骸化してくると思っています。そういう流れと第三者管理方式の導入がどうからんでくるのか、いまひとつ解けていません。

　管理会社が、理事会をなくして、自ら管理者になるということには、まだ大勢としては踏み込んでいません。むしろ引いています。これから、管理会社がどう出てくるのか、いまのところ、不透明ですね。

マンション管理における専門家とは

司会　この辺で、マンション管理における専門家とは何か、について、整理しておきたいと思います。

A理事　標準管理規約では、専門家については、マンション管理について知識をもつ専門家といっています。マンション管理の専門家と専門的知識をもつものとは違いますね。検討会では、マンション管理の専門家として、弁護士、一級建築士、マンション管理士、管理組合団体等を挙げています。こういう場で、管理組合団体が挙がるのは稀ですが、それはそれとして、マンション管理の専門家とは管理組合運営に通じたものであり、これがマンション管理の専門家である、と定義したいと思います。また、マンション管理の専門家は、独立した資格としては存在しない、と言えると思います。

B理事　マンション管理士というのは、マンションの管理運営の実際に役立つために設置した資格ですね。マンション管理組合の相談に応じなさいと法律には書いています。

A理事　しかし、現実にはその目的には合致していない面がありますね。マンション管理に関する知識でいえば、マンション管理の学者には、おそらく敵わないでしょう。

B理事　マンション管理士というのは、そもそも必要であったかどうか問題で、できた以上、それに応じて活用してゆくことは、それはそれでいいであろうと思いますね、私は。

　　　　しかし、法律が予定したものであって、実際には、マンション管理組合の相談に応じて、正しい答えを出せるひとは、わずかしかいないのではないか、と思いますね。

司会　いや、Aさんだって、マンション管理の専門家でしょう。マンション管理の専門家は、いないわけではない。

A理事　それはそうですが、並列はどうですかね。弁護士、一級建築士は、法律上のトラブル、大規模修繕とかの問題が生じたときに活用すべきで、常時、お願いするものではありませんね。マンション管理組合団体とはあきらかに違うスタンスです。なぜ、マンション管理組合団体を、並列で挙げたのか、釈然としません。

B理事　マンション管理組合団体は、日住協、福管連（福岡マンション管理組合連合会）などをはじめ、少数といえども一定のスタンスを持っていることは事実です。対外的にはどう見えているかわかりませんが、それなりの評価があり、並列されることは結構なことなのではないですか。

A理事　実際に、外部の専門家を活用して、管理組合の相談に応じている管理組合団体は、調査データはありませんが、全管連のなかでも、5～6団体ありますね。

B理事　マンション管理士会は、業務上で保険をかけていますね。

いざという時の補償は大丈夫としていますが、管理士が不正をやった時は、保険は適用されません。

A理事　第三者を活用して、管理組合の管理能力をアップさせる場合の外部とは、純粋な外部ではなく、管理組合と何らかの関係性のある外部、つまり管理組合の組合員ではないが、管理組合を知っている外部の者、つまり管理組合団体の者を派遣するのが、論理的には一番正しいと思いますね。特に純粋な第三者とした場合はいろいろ問題がおきやすい。理想論でいうと、どの管理組合も管理組合団体に所属する。管理組合の役員、理事長などが問題を起こして、内部で混乱状態になったときに、その管理組合団体から相談員などに入ってもらって、混乱状態を立て直し、組合が自立してきたら、撤退する、というやり方です。ビジネスとして、永久的に、あるいは半永久的にとどまることはしない、ということです。

司会　そういう関係が理想ですね。サポートするが、一時的なもの、管理組合からすれば立て直しが実現したら、派遣相談員はひき取ってもらう訳ですね。そういう相互関係であれば、派遣が単なるビジネスにはならない。自立支援です。

B理事　不正の問題について、検討会で論議しているが、区分所有者の理事長だって不正があるでしょうといっている。次元のちがう話を一緒にしていて、ばかばかしいですね。

A理事　第三者管理については、マンション管理組合団体も、第三者管理方式とは決していいませんが、理事会・理事長方式を断固守り、発展させてゆく、という方向を基本にして、専門家派遣を検討すべきだと考えます。マンション管理組合団体は、ＮＰＯ法人、つまり特定非営利活動法人がほとんどです

から、営利目的の派遣ではありませんよ、と受けとって頂けるでしょう。

COLUMN

「マンション管理における素人と専門家」

　先日、ある管理組合役員を対象にした講習会で、マンション管理士が「管理組合の役員は素人なので、マンション管理士などの専門家の助けを得る必要がある」との発言をしていた。確か、「マンション管理適正化指針」でも同様なことが書かれている。

　が、こうした主張は「素人」と「専門家」をまったく対立する概念のように捉えすぎているように思われる。そこでは、「素人」もまた、一人の「専門家」であるということが忘れられているのではないか。何らかの分野で「専門家」である人も、専門分野以外では「素人」なのである。管理組合をみても、組合員のなかには一級建築士やマンション管理士も存在するであろう。しかし、彼らとて管理組合運営においては「素人」なのである。

　そもそも管理組合運営における「専門家」なるものが存在するであろうか。なるほどマンション管理会社というものが存在する。が、それは管理業務を受託する専門的業者であって、管理組合運営の専門家とは言えない。マンション管理士はと言えば、それはマンション管理士資格に合格した者というだけである。その位置づけも、管理組合等への助言・アドバイザーというものであり、組合運営の専門家というわけでもない。

　かくて、マンション管理組合運営は「素人」である組合員が担うしかない。しかし、「素人」という言葉を私たちは何も否定的にのみ受け取るべきでないであろう。素人には素人としての「常識」において専門家とは独立した原理があり、その上に適切な「叡智」が働くと考えることができる。それこそが管理組合運営を公正・合理・民主的に運営させていくものである。

　組合運営における素人の「（健全な）常識」を洗練させ、「良識」としていくためには、他の管理組合をも含めた組合運営の諸経験を学び、それを共有・蓄積していくことが大事である。

　そこに管理組合団体の存在意義がある。管理組合団体の活動は既に40年余の歴史を持っている。そこには、「素人」として管理組合運営に長年携わってきた者が居る。仮に、管理組合運営の「専門家」というものがあるとしたら、あるいは彼らこそがそうなのではないか。素人の管理組合が「専門家」の専門知識を活用するというのであれば、そこに相談するのが適切であろう。

第 10 章 マンション管理組合団体とは

この本を執筆したNPO日住協（特定非営利活動法人　日本住宅管理組合協議会）は、多くの管理組合が集まってつくっている管理組合団体です。ここで改めて自己紹介をさせていただきます。

　管理組合団体などというと、「それってなに？」と思われる方が多いと思います。

　一つの管理組合だけでは、マンション管理の経験も限られていますし、問題がおこったときに「どうしたらいいか」と悩むこともしばしばです。そうした管理組合の抱える問題を解決するため、市町村ごとや、もう少し広い範囲で管理組合が協力して、経験の交流や相談のために集まる連携の連絡組織がマンション管理組合団体です。現在、首都圏を主要な活動範囲としているNPO日住協のほか、各地に県単位あるいは地方単位の管理組合団体ができています。

　管理組合が、自分のところだけで政府や自治体に要望や申し入れをしても、ほとんどは受け付けられないでしょう。そうした場合、管理組合団体なら、連携する多くの管理組合の意思をバックに、要求をしたり、運動をしたりできます。また、解決すべき問題や目的について情報を集め、交換し、活動を効果的に進めることができます。

　わが国では、マンションの歴史は、50年を少し超えたくらいで、まだまだ新しい居住形態です。

　マンションが大量に供給され始めたのは1960年ごろからで、日本住宅公団が東京や神奈川、千葉、埼玉などの首都圏と、工業地帯を控えた阪神地区に用地を確保し、道路や上下水道、学校などを整備しながら、次々と集合住宅、いわゆる団地をつくり、一部を分譲していきました。

分譲団地には、当然マンション管理組合ができました。といっても、何をどうやるのか、よく分からないうちに動き出したといっていいでしょう。もちろん適当な教科書もありませんでした。たいていのマンション、団地は、開発業者（デベロッパー）が指定した管理会社に管理を委託するという形でスタートします。

開発業者から指名された、いわばお仕着せの管理会社は、本当に信用できるのかという不安を抱える管理組合が、当然多くありました。

自然の動きですが、1〜2年先にできた先輩管理組合の経験や情報は貴重です。第7章にあるようなマンションのトラブルにどう対処し、解決するのかは、先輩管理組合からの情報が頼りでした。この場合は弁護士に依頼するのがよい、その弁護士の選び方は、などさまざまな解決法を先輩管理組合から学び、みずからの経験に加えていくという積み重ねです。

「分住協」の始まり

管理組合が連携して問題を解決しようという動きは、意外に早く始まりました。1969年10月、千葉市の稲毛3丁目住宅管理組合に、住宅公団分譲の13団地管理組合の代表が集まりました。小さな集会所で、（分譲）「住宅管理組合協議会」（分住協）が産声を上げました。これが、わが国で最初にできた分譲住宅の管理組合の集まり、つまり管理組合団体です。協議会としたところに、みんなで集まって問題に対処しようという姿勢が現れています。

当初は、瑕疵保証、駐車場問題などがテーマでした。経験を寄せ集めながら問題解決にあたるという方法をとりました。1971年8

月に首都圏を襲った台風23号により、公団団地の多くで、雨漏りなどの被害が広範囲に発生しました。できたばかりの団地で、防水技術等の未熟が原因でしたが、マスコミにも「欠陥住宅」と連日のように取り上げられ、分住協では住宅公団と統一交渉をおこなうなど、一躍、管理組合団体として注目されました。また、住宅という商品に対する問題点を追及するという消費者運動の側面もしっかり持っていました。

修繕技術を進化させる

　欠陥住宅問題を機に、分住協自身で、防水や塗装の技術を自ら研究し、進化させようという動きができてきたのは、特筆すべきです。補修業者も防水技術は未熟というより経験不足でした。公団住宅の過半を占める外壁の吹き付け塗装もしかりです。分住協では研究会をつくり、業者を集め、勉強しました。また、建築士、学者にも協力を呼びかけ、共同研究を重ねました。

　現在でも、マンションの改修業者は、防水や塗装からスタートしたところが多く、主要業者として成長しています。

　また現在は、この伝統をひきついでＮＰＯ日住協のなかにマンション管理総合研究所が設けられています。

大規模修繕工事見学会の伝統

　さきほど先輩管理業者の経験から学ぶと指摘しましたが、分住協では、設立後まもなくから、大規模修繕工事を実施した団地の工事見学会を盛んに開催してきました。現場を見て、そこの管理組合か

ら工事をどう進めたかの説明を受け、工事業者からは技術的な解説を受けるという内容です。どこでも必ず実施しなければならない工事の実際を学ぶことは、大きな情報伝達でした。

ある管理組合では、住民に住宅公団に勤める人がいて、どんな工事見学会にも住民を6〜7人誘って参加したといいます。工事見学会の経験が、自分の団地の修繕工事にどれだけ役立ったか、と振り返ります。

百聞は一見にしかずといいますが、この見学会を開き、管理組合に経験と情報を伝えるという伝統をつくった功績は大きいと考えます。

いまでもこの伝統は守られていますが、2012年12月に千葉県のあやめ台団地で開いた給排水管更新工事の見学会には、17組合45人が参加しました。現場から学ぶという伝統は生きています。

すべての管理組合を対象に

分住協は、1984年に名称を「日本住宅管理組合連絡協議会」（日住協）に変更しました。

公団団地だけでなく民間分譲マンションにも加盟を呼びかけ、2003年には参加245組合、6万5,000戸と増加します。これがピークで、ここ10年くらいは参加組合数、戸数とも減少傾向ですが、管理組合団体の意義が弱体化したわけでは、まったくありません。

2000年に制定されたマンション管理適正化法により、財団法人マンション管理センターが国土交通省の「マンション管理適正化推進センター」に指定され、またマンション管理士の制度が誕生しました。一方、マンション管理会社についても登録制度が定められ、業界団体として社団法人高層住宅管理業協会（2013年4月からは、

マンション管理業協会と名称変更）が整備、強化されるなど、マンションをとりまく環境が一変しました。

その結果、事務所を設けて営業しているマンション管理士や、マンション管理業務の援助を掲げる団体も、各地に誕生しています。

しかし、管理組合同士の経験を伝えあい、情報交換し、マンション管理組合とはなにかを、管理組合と同じ仲間として協力、援助でき、またそれを日々実践している団体はマンション管理組合団体のほかにはありません。

ＮＰＯ日住協の活動

日住協は2004年にはＮＰＯ法人となり、個人会員の加入も受け付けているほか、マンションの各種工事にかかわる企業などの賛助会員制度もあります。

日常的におこなっている活動や事業としては、先にのべた大規模工事見学会を頻繁に実施しているほか、管理組合運営などの講演会や経験交流会、電話による日常的な相談の受付けや専門家を招いての面談での相談、大規模工事支援事業、管理組合運営支援業務（顧問の派遣や出張相談など）など、多彩な活動をおこなっています。その内容は、次のとおりです。

相談事業　電話による相談は日常的に随時受け付けています。簡単なものは即答もしますが、専門的な問題になると専門家と面談の相談になり、ＮＰＯの事務所へきていただくことになります。

工事見学会、経験交流会　外壁や屋上の修繕工事、給排水管の更生、更新などの見学会については、実施の都度、ＮＰＯ日住協のホームページや「アメニティ（集合住宅管理新聞）」などに発表し

ておこなっています。

講演会・勉強会　「マンション管理大学」、「マンション管理派遣専門家育成講座」の二つを、それぞれ連続講座で毎年１回開催しています。「マンション管理大学」は各管理組合の理事の方々などが、マンション管理にかんする知識を深め、自分の管理組合での活動に生かしていただくことを目的とし、「マンション管理派遣専門家育成講座」は、後に出てくるほかの組合に派遣されての相談や顧問活動のできる専門家を育成していこうという目的で開いているものです。それぞれ、きわめて実践的な意義があります。

大規模修繕工事支援事業　管理組合が自力では大規模修繕についての区分所有者の合意形成がむずかしいとか、設計管理会社や工事会社の選定、交渉などの援助をしてほしいなどの要請に応えて、ＮＰＯ日住協や管理組合で大規模修繕工事の経験が豊富なスタッフを派遣して、管理組合活動の支援をおこなうものです。

マンション管理「顧問」等派遣事業　管理組合で理事会の運営などを顧問や理事として補助するため、経験ある専門家を派遣する事業です。また、訪問相談や監査業務の補助、規約改定の協力などもできます。

「アメニティ（集合住宅管理新聞）」　会員の管理組合にそのマンションの区分所有者全員分の「アメニティ」（月刊新聞、毎号８頁）を配布しています。マンション管理をめぐる主要なニュースや管理組合の運営に役立つ情報をはじめ、管理組合で各種の工事を実施した経験報告が、ほぼ毎号掲載されています。工事を担当する会社のニュースや広告も載せています。また、管理組合で大規模工事を予定するときの設計管理会社や工事会社の公募の広告（無料）も掲載してもらうことができます。

おわりに

　本書をお読みいただきありがとうございます。この本は、ＮＰＯ日本住宅管理組合協議会が設立45周年を記念して発行したものです。執筆・編集に当たったのは、当協議会の機関であるマンション管理総合研究所担当の理事です。

　ＮＰＯ日本住宅管理組合協議会はわが国で最初に設立された管理組合団体で、この間、45年にわたって管理組合運営について様々な相談に応じたり、組合運営についての経験を蓄積してきました。こうした管理組合運営の経験や知見を集大成したのがこの本です。執筆・編集に当たった理事は皆、長年にわたって管理組合の理事長など役員を務めた者で、その経験を踏まえ、かつ区分所有法や標準管理規約を十分検討してまとめたものです。

　内容は、実際にマンション管理組合の理事になった方に読んでいただき、管理組合運営の現場において活用していただきたいという願いで、管理組合運営の具体的なあり方が体系的によく分かるように編集しました。ぜひ、管理組合においてなにかの折に参考にしていただきたいと思います。

　また、マンション管理士や管理会社のフロントマンなどの方々にも、管理組合運営相談や顧問活動、あるいは「総会・理事会運営支援」業務などに際して、この本を活用して管理組合運営の適正化に資していただければと願っています。

　なお、本書は学者や弁護士等のいわゆる法律の専門家が記述したものではありませんので、あるいは思わぬところに誤りがあるかも

しれません。その意味で、本書をお読みになった方で、なにか疑問を感じる箇所を発見された方は、当協議会までご連絡いただければ幸いに存じます。また、感想でも結構ですのでご意見をお寄せください。

　終わりに、出版事情が厳しいなかで、このような書を発行していただきました住宅新報社に御礼を申し上げます。とりわけ、原稿を詳しくお読みいただき、文言等の適正化について丁寧な助言をくださった編集部の皆様に改めて感謝いたします。ありがとうございました。

　　平成27年7月

　　　　　　　　　　　　　　　NPO日本住宅管理組合協議会
　　　　　　　　　　　　　　　マンション管理総合研究所

■特定非営利活動法人　日本住宅管理組合協議会（NPO日住協）

　NPO日住協は、昭和44年に創立された日本で最初のマンション管理組合団体。分譲マンションの管理組合活動に関し広範囲のサポート活動を展開している。建物・設備の維持管理、並びに管理組合運営に関する疑問や悩みに対し、電話やメールによる相談を実施。また、法律問題、建物問題、設備問題、管理委託問題等に関する定例の相談会を開催している。会員数は現在、約150組合、40,000戸に上る。

〒101-0041
東京都千代田区神田須田町1-20　製麺会館3階
特定非営利活動法人　日本住宅管理組合協議会
TEL 03-5256-1241　FAX 03-5256-1243
URL　　　http://www.mansion-kanrikumiai.or.jp
Eメール　info@mansion-kanrikumiai.or.jp

※本書に対するご意見・ご感想などは、メール、またはFAXで
　NPO日住協までお寄せください。

マンション管理の「なぜ？」がよくわかる本
―管理組合運営読本―

平成27年8月7日　初版発行

著者　NPO日本住宅管理組合協議会
　　　マンション管理総合研究所
発行者　　　中野孝仁
発行所　　（株）住宅新報社

出版・企画グループ　〒105-0001　東京都港区虎ノ門3-11-15　（SVAX TTビル）
（本　社）　　　　　　　　　　　　　　　　　　電話（03）6403-7806
販売促進グループ　〒105-0001　東京都港区虎ノ門3-11-15　（SVAX TTビル）
　　　　　　　　　　　　　　　　　　　　　　　電話（03）6403-7805
大阪支社　〒541-0046　大阪市中央区平野町1-8-13（平野町八千代ビル）電話（06）6202-8541（代）

印刷・製本　亜細亜印刷（株）　　　　　　　　　　　　Printed in Japan
落丁本・乱丁本はお取り替えいたします。　　　　ISBN978-4-7892-3735-2 C2030